기업윤리

Business Ethics

기업윤리

Business Ethics

임태순 지음

한국학술정보㈜

　오늘날 글로벌시장을 무대로 전개되고 있는 기업들은 너무나 경쟁적인 경영환경에 노출되어 있다. 이러한 경쟁적인 분위기는 시간이 흐름에 따라 더욱더 심화되어 가고 있는 실정이다. 얼마 전까지만 해도 자주 사용되던 개선(改善, かいぜん, improvement)이란 용어 대신에 이제는 혁신(innovation)이나 혁명(revolution)과 같은 용어가 주로 사용되는 사실만 보아도 심화되고 있는 경영환경의 변화를 실감하게 된다.

　경쟁이 심화되는 경영환경의 변화 속에서, 등불을 밝힌 21세기의 여명이 밝은 지도 벌써 10년이 지나고, 이제 새로운 10년을 준비하고 있다. 빠르게 변화하는 경영환경은 현대를 영위하는 기업인들에게 더 이상 과거의 생각 속에 안주해서는 기업의 밝은 미래를 보장받을 수 없다는 위기감을 느끼게 하고, 변화하는 시대적인 요청을 받아들이게 강요하고 있다. 경영인들은 화두가 되는 '지속가능한 성장(sustainable growth)'을 실현하기 위하여 지속적인 노력을 경주해야만 한다는 커다란 전제하에 다가오는 시대적 요청에 어떻게 현명하게 대처할 것인가 하는 연속적인 고민을 안고 살아간다.

경영학의 대가로 칭송받는 짐 콜린스는 그의 저서인 『좋은 기업을 넘어 위대한 기업으로(Good to great)』에서 기업들은 이제 과거에 생존을 하기 위하여 요구되었던 '강한(strong) 기업'과 '좋은(good) 기업'이란 차원을 넘어서 '위대한(great)기업'으로 발돋움을 해야 한다고 역설하였다. 변화하는 환경 속에서 단지 과거의 승리에 안주하지 말고 위대한 기업으로 거듭나야 한다는 그의 주장은 기업들이 환경변화에 선제적으로 대응해야 한다는 것을 깊이 당부하고 있는 것 같아 설득력 있게 가슴으로 다가온다.

위대한 기업으로 발돋움하기 위한 전제조건과 시대적인 요청은 무엇인가? 바로 윤리경영에 그 해답이 있다. 윤리경영이란 기업윤리에 대한 중요성을 인식하고 실천하며, 아울러 기업의 사회적 책임에 대한 공감대를 통하여 경쟁력을 갖춘 글로벌 기업으로 거듭날 수 있는 21세기 경영의 요체라 하겠다. 따라서 기업윤리와 기업의 사회적 책임을 적극적으로 수용하고 선제적으로 대응하여 지속 가능한 기업으로 거듭나고, 크고(big) 강한(strong) 기업의 차원을 넘어 존경을 받는 위대한(great) 기업으로 다시 태어나기를 바라는 마음으로 이 책의 출간을 서두르게 되었다.

본서는 10년 넘게 대학에서 강의한 내용을 중심으로 구성한 기업윤리에 대한 기초개념서이다. 본서의 구성은 총 4편으로 구성되어 있다. Part 1은 윤리경영의 개관으로 기업윤리를 살피는 입문의 장들로 구성되어 있다. 세부적으로는 기업과 윤리경영, 윤리경영의 이론적 배경 그리고 자본주의와 기업윤리 등에 대한 내용을 다루었다. Part 2에서는 기업의 윤리강령과 환경윤리에 초점을 둔 내용으로 구성하였다. 세부적으로는, 기업윤리강령과 환경문제와 기업윤리에 대해 논의하였다. Part 3은 경영활동에서 어떻게 윤리경영을 실천할 것인가 하는 내용으로 인적자원관리와 윤리, 재무관리와 윤리, 생산관리와 윤리, 마케팅과 윤리에 대한 내용을 중심으로 구성하였다. 따라서 경영의 주요 영역에서 윤리경영을 실천하는 방법과 내용을 다루었다. 마지막으로 Part 4는 기타영역의 윤리경영에 대한 내용으로 경영의 주요 영역 이외에서 실천이 요구되는 윤리경영부문으로 금융윤리, 회계윤리, 정보윤리 그리고 국제경영윤리에 대한 내용을 중심으로 다루었다.

21세기 기업의 경쟁력을 가늠하는 중요한 요소로 성큼 다가온 기업윤리에 대한 새로운 내용을 보충하기 위하여 지속적으로 매학기 강의노트를 보완하는 작업을 반복적으로 진행해 왔지만, 아직까지도 다 채우지 못한 여백에 대해서는 계속 보완해 나가야 할 과제로 남겨 놓으며 아울러 독자들의 조언도 함께 당부드린다. 그리고 집필과정에서 선지식(善知識)인들이 주신 인용의 기회에 대해 깊이 감사드린다. 이러한 과정에서 이미 출간된 훌륭한 기업윤리, 윤리경영의 교재와 전문서적의 도움이 없었더라면 본서의 집필이 불가능했으리라 생각되기에 거듭 감사드린다.

본서의 특징을 요약하면 다음과 같다.

첫째, '기업윤리'에 대한 내용을 알기 쉽도록 구성하였다. 전체적인 구성은 독자들이 미시적인 내용보다는 거시적인 틀 속에서 전체를 먼저 살피는 데 도움이 되도록 노력을 기울였다. 따라서 윤리경영과 관련하여 이미 지식을 가지고 있는 분들 뿐만 아니라 처음으로 윤리경영을 접하는 분들도 커다란 어려움 없이 알기 쉽게 이해를 도울 수 있도록 하였다.

둘째, 기업윤리에 대해 탄탄한 지식을 쌓을 수 있도록 이론적인 부분을 습득하고 실무에 적용할 수 있는 내용을 골고루 배분하여 구성하였다. 또한 기업윤리와 관련되어 이슈가 되는 주요 화두를 학습할 수 있는 장을 마련하였다. 즉, 학습을 하는 중간 중간에 [함께 생각하기] 코너를 마련하여 기업윤리에 대해 스스로 생각해 보고 추론을 통하여 결과를 도출할 수 있는 여백을 제공하였다. 또한 각 장의 본문 말미에는 스스로 심화학습을 할 수 있도록 [심화학습] 란도 마련하였다.

셋째, 시간적인 제약 속에서 생활하는 독자들을 위하여 내용의 구성형식은 가능한 긴 서술형의 내용을 지양하고 핵심내용을 중심으로 정리하는 방식으로 구성하였다. 따라서 기업윤리에 대한 체계를 핵심 위주로 간략하게 정리할 수 있게 구성하였다.

넷째, 스스로 학습내용을 점검할 수 있도록 각 장의 말미에 [퀴즈문제]를 제공하였다. 또한 본문에 대한 [요점정리]를 간략하게 제공하였고, 학생들로부터 새로운 용어에 대한 해설의 필요성을 여러 차례 요청받았기에 [용어정리]를 덧붙여 제공하였다.

마지막으로 이 책이 출간되기까지 많은 분들의 수고가 있었다. 먼저 출간을 허락해 주신 한국학술정보(주) 채종준 사장님께 감사를 드린다. 또한 편집과 교정을 맡아 주신 편집부 직원 여러분들과 표지를 디자인해 주신 디자인부 직원 여러분들께도 심심한 사의를 드린다. 그리고 항상 변함없이 따뜻한 사랑으로 응원을 보내주는 우리 가족에게도 감사함을 전한다.

2011년 5월
태성원에서 임태순

차 례

Part 1. 윤리경영의 개관 / 13

제1장 기업과 윤리경영   15
1. 기업과 윤리경영   15
2. 윤리경영과 부패   18
3. 윤리경영의 유형   21

제2장 윤리경영의 이론적 배경   31
1. 기업윤리영역   31
2. 윤리이론의 유형   34
3. 문제시되는 기업행동 유형   38

제3장 자본주의와 기업윤리   49
1. 자본주의와 기업윤리   49
2. 기업의 사회적 책임   52

제4장 윤리경영의 이해관계자 · 의사결정　67

1. 윤리경영의 이해관계자　67
2. 윤리경영의 의사결정　71

Part 2. 기업윤리강령과 환경윤리 / 81

제5장 기업윤리강령　83

1. 기업윤리강령의 의의　83
2. 기업윤리강령의 제정　86
3. 한국기업의 윤리경영 사례　91

제6장 환경문제와 기업윤리　103

1. 청렴(清廉)이 국가경쟁력　103
2. 환경윤리　105
3. 환경공해 영향과 기업의 대응　109

Part 3. 경영의 관리활동과 윤리 / 121

제7장 인적자원관리와 윤리   123

1. 인적자원관리와 윤리적 인적자원관리   123
2. 윤리적 인적자원관리   125

제8장 재무관리와 윤리   143

1. 윤리적 재무관리의 본질   143
2. 기업의 자금조달과 윤리문제   145
3. 기업의 소유구조와 윤리문제   149

제9장 생산관리와 윤리   159

1. 생산관리   159
2. 윤리적 생산관리: 기능 · 내용 · 역할   162
3. 윤리적 생산관리: 경영자 측면과 근로자 측면   165

제10장 마케팅과 윤리   175

1. 마케팅   175
2. 윤리적 마케팅활동   179
3. 윤리적 마케팅   183

Part 4. 기타영역의 윤리경영 / 195

제11장 금융윤리 · 회계윤리   197

1. 금융과 윤리(Ⅰ)   197
2. 금융과 윤리(Ⅱ)   200
3. 회계와 윤리   204

제12장 정보윤리 · 국제경영윤리   217

1. 정보와 윤리   217
2. 국제경영과 윤리(I)   220
3. 국제경영과 윤리(II)   225

부록 1. 윤리 · 환경 없인 미래 없다   239

부록 2. 지속가능경영 우수기업   257

부록 3. 부도덕한 CEO의 말로   263

찾아보기   269

Part 1

윤리경영의 개관

■ 제1장 기업과 윤리경영
■ 제2장 윤리경영의 이론적 배경
■ 제3장 자본주의와 기업윤리
■ 제4장 윤리경영의 이해관계자 ·
   의사결정

학습목표

1. 본 장에서의 학습목표는 기업의 경영활동을 재조명해 보고 기업경영에서 대두되는 윤리경영에 대해 생각할 시간을 갖는다.
2. 기업성격의 변화와 윤리경영 그리고 기업의 부패에 대해 논의해 본다.
3. 윤리경영의 유형에 대해 알아보고, 윤리수준의 발달단계에 대해 살펴본다.

제1장 기업과 윤리경영

1. 기업과 윤리경영

☞ 함께 생각하기 ☜

기업윤리와 윤리경영이 어떻게 와 닿습니까?

① 경영활동 중에서 최소한의 지켜야 할 활동영역?

② 필요하긴 하지만 간과해도 될 사항?

③ 이해는 되지만 실천하기까지는 시간을 요하는 사항?

④ 필요성에 대한 이해뿐만 아니라 기업경쟁력확보를 위해 우선 시 되어야 할 사항?

1.1 기업경영활동의 재조명

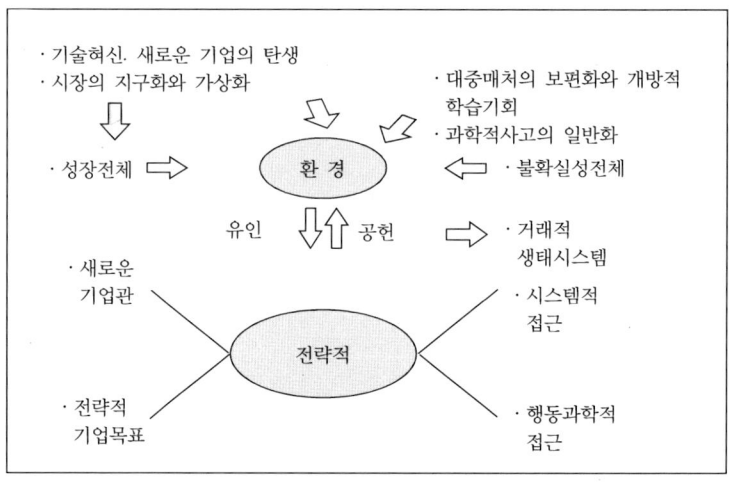

<그림 1-1> 기업의 경영활동[1]

기업의 목표는 목적이윤설과 관련된 기업의 이익극대화(profit maximization)란 관점과 기업이익의 극대화가 가지는 모순을 보완하는 기업가치의 극대화(value maximization)의 관점에서 접근해 볼 수 있다.

1) 기업이익의 극대화

기업의 목표는 기업의 이윤을 극대화하는 데 있다는 관점으로서 최근 들어 이에 대한 비판과 반성이 대두되고 있는 접근법이다.

---

1) 출처: 임태순, 『경영학원론』, 한국학술정보(주), 2010,˝p.21.

2) 기업가치의 극대화

기업가치의 극대화 관점은 기업이익의 극대화 관점과 비교하여 볼 때 좀 더 장기적인 접근법으로서 기업이익을 극대화하고 하는 접근법의 한계를 인정하고 접근하는 철학적인 의미를 가진다. 기업의 가치는 기업의 사회적인 가치 즉, 자본성과와 사회성과, 그리고 노동성과로 측정된다. 기업의 가치극대화는 주주들의 부(富)의 극대화(wealth maximization) 개념으로도 통용된다.

쉬어가기

> 유효성과 능률성의 개념
> **유효성**(effectiveness): 기업목적과 연계된 달성정도의 개념
> **능률성**(efficiency): 목표에 대한 수단의 개념
> 환경에는 기업의 이해관계인이 포함된다. 기업의 이해관계인으로는 주주, 채권자, 근로자, 경영자, 공급자, 사회 등이 있다.

1.2 윤리경영

윤리경영(Ethical Management or, Ethics in Management)이란 기업을 경영하는 구성원들이 근본적으로 부딪칠 수밖에 없는 선(善)과 악(惡)의 윤리문제를 기업경영에 적용하는 것을 의미한다.[Good Paster]

거시적인 관점에서 윤리경영은 투명경영(transparent management)으로 받아들여지고 있으며 투명경영은 크게 4가지 관점에서 해석이 가능하다.

① Good Company: 사회적 책임을 실천하고 사회에 공헌하는 기업

② Green Company: 친환경기업

③ Clean Company: 청렴한 기업

④ Right Company: 열린경영의 기업, 신뢰의 기업

윤리경영은 기업의 사회적 책임이란 관점에서 같이 사용되기도 한다.

〈표 1-1〉 기업의 사회적 책임[2]

경영 윤리	사회적 책임
과정적 요소	결과적 요소
소극적(should not)	적극적(had better)
구성원(조직원) 간	조직 차원

2. 윤리경영과 부패

2.1 기업성격의 변화

〈표 1-2〉 기업성격의 변화[3]

기업 사명	성장 논리	지향성
강한 기업	규모의 경제 (Economies of scale)	성장 (Growth)
국제 기업	비교우위 (Comparative advantage)	뛰어남 (Excellence)
착한 기업 (지구공생기업)	선(善) (Good)	사회적 공헌 및 비전의 공유

---

2) 출처: 임태순, 『경영학원론』, 한국학술정보(주), 2010, p.81.

3) 출처: 임태순, 『경영학원론』, 한국학술정보(주), 2010, p.90.

1) 강한기업에서 착한기업으로 변환

강한기업에서 선(善)을 실현하는 착한기업으로 변환되기 위한 구비요소는 아래와 같다.

① 사회적 가치창조
② 이익의 질 중시(인간성 기업), 근로의 질 중시
③ 시민기업
④ 인간성 기업
⑤ 환경친화적 기업
⑥ 지배구조가 건전한 기업
⑦ 전사적 윤리기업

2) 윤리경영과 21세기의 경쟁력

뇌물방지법, 지배구조, 비윤리행위, 환경변화(환경친화적인 기업) 등으로 대변되는 UR(우루과이 라운드), GR(그린라운드), CR(부패라운드), ER(윤리라운드) 등과 같이 윤리경영이 기업의 경쟁력을 좌우하는 중요한 변수가 된다.

2.2 윤리경영과 기업부패의 종식

1) 기업부패의 어원적 해석

① 영어: 부패(corruption)는 cor(함께)+rupt(파멸)의 합성어로 함께 파멸한다는 공멸의 의미를 내포하고 있음
② 한자어: 부패(腐敗)-'썩어서 무너진다'의 의미로 쓰임

2) 기업부패

① 광의: 사적이익을 위해 공적이익을 버리는 도덕적 위해행위 또는 사적이익과 공적비용을 교환하는 행위
② 협의: 공직자의 공권력 남용, 공직을 이용하여 사적이익을 추구, 또는 사익을 위하여 공공의 이익을 버리는 행위

3) 직권남용과 사적이익

☞ 쉬어가기 ☜

〈기업부패를 연관시키는 간단하고 단순한 용어들 열거하기〉
· 특혜   · 뇌물제공 · 리베이트 수령
· 직권남용 · 직무유기 · 횡령
· 내부자 거래   · 내부정보유출   · 배임

4) 부패공식(Robert Klitgaard)

$$C = M + D - A - T$$

where,

C: Corruption

M: Monopoly

D: Discretion

A: Accountability

T: Transparency

5) 윤리경영의 실천절차

① 윤리강령제정
② 규범실천지침
③ 행동원칙마련

3. 윤리경영의 유형

3.1 윤리경영의 유형

1) 수준별 관점의 유형

① 톱 level: 기업의 역할, 기능
② 중간 level: 관행, 조직정책
③ 하위 level: 개인

2) 관리적 관점의 유형

① 전반: 기업합병, 투자결정, 환경보존
② 인적자원: 차별, 부당노동행위, 개인생활침해, 부당한 인사관행
③ 재무분야: 특혜대출, 내부자 거래, 공금유용
④ 생산: 공장입지, 공장폐수, 작업상의 안전위생
⑤ 마케팅: 허위, 과대광고, 가격조작, 담합
⑥ 회계: 탈세, 분식회계

⑦ 정보: 기업정보누출, 개인사생활침해, 과다정보수집

⑧ 국제경영: 외국관료매수, 뇌물, 과다송금, 외화도피, 현지인 차별

3) 영역과 범위 관점의 유형

〈표 1-3〉 윤리경영의 유형[4]

구분	소극적 개념(should not)	적극적 개념(had better)
대내	회사공금접대비증대, 해외재산도피, 위장폐업, 족벌 및 폐쇄적 경영	소유권분산, 전문경영체제
대외	부동산투자. 탈세, 탈법, 소비재수입(소비조장), 정경유착	문화, 장학, 의료산업, 산학협동

3.2 기업조직의 윤리경영발전단계

1) 5단계

제1단계: 무도덕단계(Amoral Stage)

제2단계: 준법단계(Legalistic Stage)

제3단계: 대응단계(Responsive Stage)

제4단계: 윤리관태동단계(Emerging Ethical Stage)

제5단계: 윤리선진단계(Developed Ethical Stage)

2) 단계별 특징

① 제1단계: 윤리적 문제를 고려하지 않는 단계
  - 창업 경영자만을 위한 경영

---

4) 출처: 임태순, 『경영학원론』, 한국학술정보(주), 2010, p.79.

－이익극대화에 초점이 맞추어져 있음

② 제2단계: 소극적인 형태로 윤리란 법규만 지키는 것으로 한정

－법을 지키는 것을 윤리라고 생각함

－위법하지 않는 것에 한정되어 있는 상태

③ 제3단계: 윤리에 대한 인식을 하기 시작함

－기업의 사회적 책임에 대해 인식하기 시작함

－대외적 이미지를 고려함

④ 제4단계: 기업윤리와 경영성과 실현

－기업목적과 경영이념에 윤리를 반영

－윤리강령마련

⑤ 제5단계: 윤리선진단계로 경영에 윤리관 윤리원칙 명시, 윤리
경영실시

－경영행동에 윤리를 우선으로 함

－윤리원칙, 행동실천

요크대 슐릭 MBA, 윤리경영 강조

윤리적 인재 양성에 초점…美 켈로그 MBA와 손잡고 EMBA[5]

캐나다 요크대 슐릭 경영대학원은 전세계 MBA 가운데 윤리경영 교육 면에서 인정받고 있다. 경영에 강한 윤리정신과 사회적 책임을 투입시킨다는 점을 특징으로 다른 MBA와 차별화하고 있다. 윤리 및 사회책임 경영교육 시스템을 확대시키고 윤리적인 인재를 양성하는데 노력을 기울이고 있는 것이다.

이 대학원의 풀타임 MBA 프로그램은 첫 해 핵심과목을 수강하고 두 번째 해에 선택과목을 들으며 그룹 프로젝트를 수행해야 한다. 학생들은 9월 또는 1월에 프로그램에 참여할 수 있지만 1월에 입학할 경우 여름 학기를 듣게 된다.

풀타임 프로그램은 최소 4학기로 16개월 만에 완료할 수 있다. 평균적으로 학생들은 여름 방학을 포함해 20개월간 MBA 프로그램을 수강한다. 최대 6학기로 24개월 안에 MBA 학위를 취득해야 한다.

---

5) 출처: 이투데이 2011년 2월 18일 기사내용에서 발췌.

요크대 슐릭 경영대학원 평가순위

평가항목	풀타임 MBA 순위
구직 기회 제공	16
구인 분야의 다양성	5
졸업 후 3개월 내 취업 가능성	30(87%)
취업 서비스 통한 구직	19
취업 서비스에 대한 학생 접근성	52
자기 개빌 및 학습 체험	4
교수진 품질	5
학생 품질	60
학생 다양성	39
학습 체험	2
연봉 인상	34
연봉 인상폭	6(133%)
MBA 졸업 인상폭	>100(8만 8,568달러)
네트워크 잠재력	16
졸업생 네트워크 범위	43
국제 졸업생	7
졸업생 영향력	20

출처: 이코노미스트

경영학 학사 학위를 가진 학생들은 프로그램 기간을 절반가량 줄일 수도 있다. 학부과정에서 경영학을 전공한 학생들은 MBA 과정에 가속화시킬 뿐만 아니라 교환학생의 기회도 얻을 수 있다.

파트타임 MBA 프로그램은 풀타임과 똑같은 과정이며 두 프로그램 간 전환도 가능하다. 본교 캠퍼스뿐만 아니라 토론토 중앙의 다운타운 캠퍼스에서도 MBA 수업을 제공하고 있다. 파트타임의 주말 프로그램은 주말마다 토·일요일 교대로 진행된다. 국제화에 초점을 맞춘 IMBA 프로그램은 일반 MBA를 토대로 지역 연구, 언어, 해외 인턴

십 등 전문적인 분야를 포함한다.

슐릭 MBA는 미국 노스웨스턴대 켈로그 비즈니스 스쿨과 손잡고 기업 임직원들을 위한 EMBA 과정도 진행하고 있다. EMBA 프로그램은 총 18개월 과정으로 토·일요일 번갈아 수업이 제공된다. 이 프로그램 이수자는 켈로그·슐릭 EMBA 학위를 받게 되며 노스웨스턴대와 요크대 양 대학의 동문이 되는 일거양득의 효과를 볼 수 있다.

지난해 초 슐릭 MBA는 또 다른 프로그램인 '슐릭 인도 MBA'를 제공하기 시작했다. 슐릭 인도 MBA 과정의 첫 해는 인도 뭄바이 분교에서, 두 번째 해는 토론토에서 진행된다. 학생들은 이 대학원의 국제적 전략, 재무, 마케팅 등이 강점이라고 평가하고 있다. 이들은 프로그램이 다방면에 걸쳐 매우 강하며 과목의 선택폭이 매우 넓다고 찬사를 보내고 있다.

[퀴즈문제]

아래의 내용이 맞으면 T, 틀리면 F를 빈칸에 넣어 주세요.

1. 윤리경영(Ethical Management or, Ethics in Management)이란 기업을
   경영하는 구성원들이 근본적으로 부딪칠 수밖에 없는 선(善)과
   악(惡)의 윤리문제를 기업경영에 직용하는 것을 의미한다. (   )
2. 윤리경영의 영역 중에서 문화사업이나 장학사업 등은 매우 소
   극적인 형태의 윤리경영의 실천유형이라고 할 수 있다. (   )
3. 윤리경영의 실천절차는 아래와 같이 3단계로 나누어 볼 수 있다. (   )
   ① 윤리강령제정   ② 규범실천지침   ③ 행동원칙마련

[정답] 1. (T)   2. (F)   3. (T)

[요점정리]

1. 윤리경영이란 기업을 경영하는 구성원들이 근본적으로 부딪칠
   수밖에 없는 선과악의 윤리 문제를 기업경영에 적용하는 것을
   의미한다. 이런 윤리 경영은 기업의 사회적 책임과 같이 혼돈
   하여 사용되기도 한다.

2. 기업의 성격은 과거 규모의 경제를 성장논리로 하는 강한기업
   으로 출발하여 사회적 공헌을 지향하는 착한기업으로 변화되
   고 있다. 이와 같이 윤리경영은 21세기 기업의 경쟁력을 확보
   하는 중요한 요소가 되고 있다.

3. 윤리경영의 유형은 수준별 유형, 관리적 측면의 유형, 그리고
   영역과 범위의 관점으로 분류가 되며 윤리수준의 발달은 5단
   계로 구분된다.

[용어정리]

① 유효성(effectiveness): 기업목적과 연계된 달성 정도의 개념
② 능률성(efficiency): 목표에 대한 수단의 개념
③ 윤리경영(Ethical Management or, Ethics in Management): 기업을 경영
   하는 구성원들이 근본적으로 부딪칠 수밖에 없는 선(善)과 악(惡)
   의 윤리문제를 기업경영에 적용하는 것을 의미한다.[Good Paster]

[참고문헌]

① 김성수,『21세기 윤리경영론』, 삼영사, 2009.
② 김택,『공기업 윤리경영』, 한국학술정보(주), 2010.
③ 심용아,『재미있는 윤리경영 이야기』, 서울과학종합대학원.
④ 이관춘,『윤리경영전략』, 학지사, 2009.
⑤ 이원재,『전략적 윤리경영의 발전』, 삼성경제연구소, 2005.
⑥ 임태순,『경영학원론』, 한국학술정보(주), 2010.
⑦ 임태순 외 2인,『현대경영학의 개관』, 법문사, 2006.
⑧ 임태순 외 2인,『현대경영학의 이해』, 법문사, 2002.
⑨ 허승호,『윤리경영이 온다』, 동아일보사, 2004.
⑩ 이투데이 2011년 2월 18일 기사내용.

1. 윤리경영의 학문적 발전과정에 대해 논의하고 기업윤리의 영역과 다루어지는 문제에 대해 살펴볼 수 있다.
2. 윤리이론의 유형에 대해 살펴보고 기본적 기업윤리 경영론에 대해서 학습한다.
3. 문제시되는 기업윤리 유형에 대해 살펴보고 이해하는 데 학습목표를 둔다.

제2장 윤리경영의 이론적 배경

1. 기업윤리영역

☞ 함께 생각하기☜

윤리경영에 대한 이해와 행동의 갈등

질의) 기업의 경영자로서 여러분들도 혹시?

　　"뭐… 윤리경영 좋은 얘기지요….

　　필요성은 물론 공감하지만 바로 실천하기엔 왠지 좀…??"

* 기업의 경쟁력 제고에 필요 VS. (단기적) 경제적 이익의 희생
* 인식의 성숙도(국민, 소비자, 기업의 경영자)에 의존하게 됨

1.1 윤리경영의 발전과정

1) 학문적 발전과정

① 1960년대 태동

예) Davis Kenith, <Can Business Afford to Ignore Social Responsibilities?>, California Management Review

② 1970년대 윤리경영이 기업의 사회적 책임으로 발전

예) Milton Friedman, <The Social Responsibility of Business is to Increase Its Profit>, The New York Times

③ 1980년대 연구가 본격화되고, 윤리경영 교재가 출간

예) Kenneth Goodpaster, <Ethics in Management>

④ 1990년대 미. 일, 한 많은 연구가 발표: 한국에선 IMF의 원인에 대한 규명에서 '윤리경영'이 이슈화되었으며 특히 기업의 투명성 문제가 제기됨

⑤ 2000년대 한, 부패방지위원회가 공직자 윤리 정립: 자율적인 윤리경영을 권장, 선진기업윤리 시도

1.2 기업의 윤리영역

1) 관리적 관점의 유형

① 전반: 기업합병, 투자결정, 환경보존

② 인적자원: 차별, 부당노동행위 개인생활침해, 부당한 인사관행

③ 재무분야: 특혜대출, 내부자 거래, 공금유용

④ 생산: 공장입지, 공장폐수, 작업상의 안전위생

⑤ 마케팅: 허위, 과대광고, 가격조작, 담합

⑥ 회계: 탈세, 분식회계

⑦ 정보: 기업정보누출, 개인사생활침해, 과다정보수집

⑧ 국세경영: 외국관료매수, 뇌물, 과다송금, 외화도피, 현지인 차별

2) 대상관계의 윤리영역

① 주주: 주주관계윤리 <초점: 공평, 형평성>

　　예) 내부자 정보이용

② 근로자: 근로자관계윤리 <초점: 인간의 존엄성>

　　예) 고용차별

③ 소비자: 소비자관계윤리 <초점: 신의, 성실>

　　예) 유해상품

④ 정부: 정부관계윤리 <초점: 엄정한 책무>

　　예) 탈세

⑤ 지역사회: 지역사회관계윤리 <초점: 기업시민>

　　예) 산업재해(화재, 유해물질 침출)

⑥ 거래처: 거래처관계윤리 <초점: 신의, 공정>

　　예) 어음사기

⑦ 경쟁업체: 경쟁업체관계윤리 <초점: 공정, 정당>

　　예) 불공정 경쟁

2. 윤리이론의 유형

☞ 함께 생각하기: 사례에 대해 토론하기 ☜

상황 1) 술에 취한 정신이상자에게 강간당한 여성이 낙태수술을
하는 것은 정당화 될까?

상황 2) 인디언에게 들키면 몰살당하는 어린아이 셋을 가진 미
국여인이 마침 인디언이 지나갈 때 울기 시작하는 갓난
아이의 입을 막아 죽인다면 정당화 될까?

질의) 플레쳐-'목적이 확립되면 수단이 정당화되어 살인도 괜찮다?'
여러분들의 생각은 어떠한지요?
* 법과 도덕과 상황의 관계는 어려운 주제이다.

2.1 윤리이론의 유형

윤리이론들은 결국 윤리란 문제가 인간의 문제이기에 인간중심
으로 유형화되었다. 주요 유형으로는 심정윤리, 환경윤리, 상황윤리,
국제경영윤리 등이 있다.[6]

1) 심정윤리

① 개념: 행위를 하는 동기의 순수함이나 심정의 아름다움에 따

---

6) 김성수(2006), 21세기 윤리경영론, 삼영사, pp.66-70.

라 윤리적 가치를 평가하고 행동하는 것

② 윤리는 각자의 자유로운 의지와 양심에 의존하기에 이를 지
킨다는 보장이 없고 경우에 따라서는 개인의 자의나 이기심
에 의해 지켜지지 못하는 경우도 있다.

③ 베버(M. Weber)는 윤리를 심정윤리(Affection Ethics)와 책임윤리
(Responsibility Ethics)로 구분한다.

2) 환경윤리

① 개념: 윤리를 인간상호 간의 문제뿐만 아니라 자연환경까지 확대
적용하여 책임을 묻는 행위

② 생태적인 공생(ecological symbiosis)관계하에 있는 자연환경까지
확대하여 적용한다.

3) 상황윤리

① 개념: 상황윤리(situational ethics)란 원리, 규칙, 약속을 기계적
으로 적용하는 것이 아니라, 무엇이 적절한 생활양식인가를
생각하는 사고방식을(예, 이웃을 사랑하자) 대전제로 한다.

② 대전제는 갖되 세목을 고정하지 않고 자기 양심에 따라 스스
로 책임지고 판단하게 한다.

③ 상황윤리의 기본원리들

▷ 선한 것은 사랑뿐이다.

▷ 사랑만이 유일한 규범이다.

▷ 사랑과 정의는 같다.

▷ 사랑은 감정적으로 좋아하는 것과는 다르다.

▷ 사랑은 수단을 정당화한다.

4) 국제경영윤리

① 개념: 다국적 기업(MNC)과 국제기업 활동과 관련된 윤리문제 영역으로 문화 간 윤리(cross-cultural ethics)와 다문화 간 윤리(multi-cultural ethics)로의 성격을 갖는다.

② 타문화에 대한 이해와 공통점을 찾아내기 어려운 점 등으로 인하여 이 분야에 대한 연구가 미진하였으나 최근에는 반부패라운드, 기업윤리라운드의 대응차원에서 연구가 진전되고 있다.

2.2 기본적 기업윤리 경영론

기본적 기업윤리경영은 의무론, 공리론, 상대주의론, 정의론, 이기주의론으로 나뉜다.

1) 의무론

① 개념: 그렇게 해야 하는 것이 사람의 의무이기에 그렇게 해야 한다고 보는 견해

② 행위 자체와 과정이 善(선)이어야 하지만 그 결과에 대해선 별개의 문제로 한다.

예) 빚을 갚아야 한다, 어린이를 보호해 주어야 한다 등

2) 공리론

① 개념: 어떤 행동의 결과가 최대다수의 사람에게 최대한의 선 (善)을 낳는다면 윤리적으로 보는 견해
② 어떤 결정이 비용보다 더 많은 이익을 생산한다면 윤리적으로 보기에 그 결과에 이르는 과정은 간과하는 점이 있다.
   예) 뇌물을 주는 것은 나쁘지만 뇌물로 더 많은 이익을 올려 종업원에게 혜택이 돌아가면 비윤리적인 것이 아니라고 보는 견해

3) 상대주의론

① 개념: 어떤 행위의 윤리성을 판정할 보편적 표준은 없다고 보는 견해
   예) 로마에선 로마법을 따르라.

4) 정의론

① 개념: 기업활동에서 사회적 정의 원칙인 '평등하고 공정하게' 가 기준이 되어야 한다고 보는 견해

5) 이기주의론

① 개념: 개인은 각자 자기이익의 극대화를 위하여 노력해야 한

다는 이론

② 기업관리자가 관리자 자신이나 회사의 장기적 이익을 가장 효율적으로 증진시키도록 행동하는 것이 옳다고 주장하는 견해

3. 문제시되는 기업행동 유형[7]

☞ 함께 생각하기 ☜

질의) 선물(present)과 뇌물(bribe)을 어떻게 구분하나요?

『구분법』

① 돈이나 물건을 받고 잠이 잘 오면 선물이고 그렇지 못하면 뇌물이다.

② 언론에 보도된 후 뒤탈이 나면 뇌물이다.

③ 현직에서 자리를 옮겨도 받을 수 있으면 선물이고, 현직의 위치에서 받을 수 있는 것은 뇌물이다.

3.1 기업활동의 윤리성

1) 근로조건

① 고용차별

② 인사비리

---

7) 윤대혁(2005), 글로벌시대의 윤리경영, 무역경영사, pp.62-64.

③ 성희롱

④ 부당노동행위

⑤ 작업장환경

2) 환경침해

① 산업폐기물

② 환경오염(수질오염, 대기오염, 토양오염, 해양오염)

3) 소비자권익침해

① 불량품 제조

② 허위정보유출

③ 허위과대광고

4) 정경유착

① 불법정치자금제공

② 과대접대비

③ 정부로부터의 특혜

④ 뇌물수수

⑤ 비자금

⑥ 촌지제공

5) 불투명성

① 무자료거래, 탈세
② 주식위장분산
③ 불법거래/불법영업
④ 돈세탁
⑤ 지적재산권침해
⑥ 분식회계

3.2 기업활동의 공정성

1) 재벌규제

① 기업결합제한
② 출자총액제한
③ 부당내부거래금지
④ 독과점지위남용금지

2) 부당한 공동행위의 제한

① 가격·판매조건
② 상품종류·규격제한
③ 생산·출고제한
④ 거래지역·거래상대제한

3) 불공정 거래행위금지

① 불공정 거래행위
② 불공정 하도급 거래행위
③ 부당표시 및 광고

3.3 기업지배구조의 건전성

1) 이사회 기능의 건전성

① 대주주의 경영간섭 정도
② 이사회의 구성, 결의방법
③ 이사회 개회일수, 결의

2) 사외이사제도의 정착

① 선임, 수
② 추천절차
③ 경력
④ 보수, 활동상황

3) 소수주주의 보호

① 이익배당

② 장부열람권의 행사

③ 주주총회참석, 발언권

④ 대표소송의 활용

4) 회계, 업무감사의 투명성

① 회계담당자의 윤리의식

② 외부감사 보고내용

③ 감사의 선임, 경력, 활동

④ 대표소송의 활용

5) 기업재무상태의 건전성

① 부채비율

② 악성부채

③ 사채발행 상환

④ 부동산투자 상태

착한기업의 성공시대[8]

최근 '착한기업'에 대한 관심이 높아지고 있다. 기업의 존재 이유가 이윤 또는 주주 가치를 극대화하는 것이고, 그것이 사회에 기여하는 것이라는 생각에 비하면 이것은 커다란 사고의 전환을 의미한다.

무엇이 이런 변화를 일으키고 있는 것일까? 이는 결국 사회 전체 흐름의 커다란 변화, 특히 소비자 인식의 변화에서 오고 있는 것이다. 최근 세간의 화제가 된 책 '마켓 3.0'에 따르면, 소비자들은 기업이 더 이상 '무엇을 만드느냐'가 아닌 '무엇에 신경을 쓰느냐'에 관심을 가지고 있으며, 그 '신경 쓰는' 대상이 사회와 이웃이 되길 바란다고 언급하고 있다.

이는 기업이 책임 있는 사회 구성원으로서 사회의 가치를 공유하고, 그에 따른 책임을 함께 나누기를 요구받고 있음을 의미한다. 바야흐로 좋은 상품을 만드는 기업들이 사회적 책임과 노력도 적극 병행하는 '착한기업'으로 변해야 하는 시대가 온 것이다.

포천지가 매년 존경받는 기업을 선정하는 기준 중 하나도 바로 사회적 책임이다. 또한 몇 년 전부터 세계 시장에서는 '착한기업이 실적도 좋다'는 인식이 자리를 잡아 가고 있고, 많은 기업에서 사회적 책임은 점차 기업의 핵심 영역이 되고 있다.

---

8) 출처: 매일경제신문. 2011년 1월 27일자 기사내용.

필자의 경험에 따르면, 이러한 활동을 통해 소비자와 기업 간의 긍정적인 관계가 형성될 뿐만 아니라 직원들이 자발적으로 참여하고 나눔을 공유하는 과정에서 애사심과 자긍심도 높아지는 것을 느낄 수 있었다. 이는 누군가를 돕는다는 것이 결국 우리 스스로를 돕는다는 사실을 말해주는 대목이기도 하다.

기업의 사회적 책임은 우리 사회의 문제가 무엇인지를 파악하는 것과 이를 기업이 어떻게 참여하고 해결할 수 있을지에 대한 고민에서 출발한다. 이를 바탕으로 사회 공헌 프로그램이 만들어지면 장기적인 투자와 책임감 있는 실행력은 필수적으로 동반돼야 한다.

이제 기업은 매출 경쟁뿐만 아니라 착한기업이 되기 위한 경쟁을 함께 해야 할 때가 됐다. 너도 나도 왼손이 한 일을 오른손도 알게 함으로써 서로 자극을 받는 문화가 조성된다면 얼마나 멋진 일인가? 앞으로 '착한기업'이 되기 위해 행복한 경쟁을 벌인다는 소식이 많이 들려오길 기대해본다.

[퀴즈문제]

* 아래의 내용은 선물과 뇌물을 구분하는 방법을 제시한 것입니다. 아래의 내용이 맞으면 T, 틀리면 F를 빈칸에 넣어 주세요.

1. 논이나 불선을 받고 삼이 살 오년 선물이고 그렇시 못하면 뇌물이다. (   )

2. 언론에 보도된 후 뒤탈이 나면 뇌물이다. (   )

3. 현직에서 자리를 옮겨도 받을 수 있으면 선물이고, 현직의 위치에서 받을 수 있는 것은 뇌물이다. (   )

[정답] 1. (T)   2. (T)   3. (T)

[요점정리]

1. 윤리경영은 1960년대의 태동기를 거쳐서 발전되어 왔으며, 1980년 이후를 넘어서면서 연구가 활발하게 진행된 영역이다. 1990년대에는 미국과 일본, 그리고 우리나라에서도 많은 연구가 진행되었으며, 2000년대에는 부패방지위원회가 설립되어 공직자 윤리가 정립되는 계기를 맞이하였다.

2. 윤리이론의 유형은 심정윤리, 환경윤리, 상황윤리, 국제경영윤

리 등이 있으며, 기본적 윤리 경영론에는 의무론, 공리론, 상대주의론, 정의론, 그리고 이기주의론이 있다.

3. 문제시 되는 기업행동유형은 크게 기업활동의 윤리성, 기업활동의 공정성, 그리고 기업지배구조의 건전성이라는 3가지 차원으로 분류하여 생각해 볼 수 있다.

[용어정리]

① 심정윤리: 행위를 하는 동기의 순수함, 심정의 아름다움에 따라 윤리적 가치를 평가하고 행동하는 것
② 환경윤리: 윤리의 문제를 자연환경까지 넓혀서 생각하는 것

[참고문헌]

① 김성수, 『21세기 윤리경영론』, 삼영사, 2009.
② 김택, 『공기업 윤리경영』, 한국학술정보(주), 2010.
③ 심용아, 『재미있는 윤리경영 이야기』, 서울과학종합대학원.
④ 이관춘, 『윤리경영전략』, 학지사, 2009.
⑤ 이원재, 『전략적 윤리경영이 발전』, 삼성경제연구소, 2005.
⑥ 임태순, 『경영학원론』, 한국학술정보(주), 2010.
⑦ 임태순 외 2인, 『현대경영학의 개관』, 법문사, 2006.
⑧ 임태순 외 2인, 『현대경영학의 이해』, 법문사, 2002.
⑨ 허승호, 『윤리경영이 온다』, 동아일보사, 2004.
⑩ 매일경제신문, 2011년 1월 27일자 기사.

1. 자본주의의 성격변화와 기업윤리가 어디에 초점을 맞추어 변화하였으며, 시대적 구분에 따른 기업윤리, 그리고 경영이념의 변화에 따른 기업윤리에 대해 살펴볼 수 있다.
2. 기업의 사회적 책임에 대해 살펴보고, 사회적 책임에 대하여 구체적인 예를 알아보는 시간을 갖는다.
3. 현대 경영자의 사회적 책임의 의의 및 내용에 대해 살펴본다.
   세부적으로는, 사회적 책임에 대한 찬성과 반대에 대한 논쟁의 주요한 점을 살펴보고 이해한다.

제3장 자본주의와 기업윤리

1. 자본주의와 기업윤리

☞ 사례연구: 녹십자 생명 ☜

"윤리경영, 5가지 유혹을 피하라."

컴퓨터를 부팅하면 아래의 5가지가 모니터에 뜨게 하여 주의를 환기시킴.

> * 뇌물의 유혹(자꾸 만나자고 해서)
> * 은폐의 유혹(아무도 모르겠지!)
> * 방심의 유혹(설마 내가 걸리랴?)
> * 집단의 유혹(다들 그러는데 뭘)
> * 악습의 유혹(옛날에도 그랬는데)

1.1 자본주의의 성격변화와 기업윤리

〈표 3-1〉 자본주의의 성격변화와 기업윤리

자본주의 성격	시기	경영자유형	경영이념	경영 지향	기업윤리
상업자본주의	16~17C	소유경영자	극대이윤추구	수익성	시혜적
산업자본주의	18C			영리성	온정적
독점자본주의	19C	고용경영자	이해관계자의 이해조정	경제성	완화적
금융자본주의				생산성	융화적
대중자본주의	20C	전문경영자	생활의 질 향상	혁신성	사회적
경영자자본주의				윤리성	대중적

1.2 시대적 구분에 의한 기업윤리

〈표 3-2〉 시대구분에 의한 기업윤리

경제사회	기업역할과 기업윤리	특징
초기자본주의	경제적 기능 (Economic institution)	경제적 기능을 효율적으로 수행하는 기업이 책임 있는 기업이며 윤리성이 높은 기업 (경제적 욕구 ⇧ ⇒ 생활수준 향상 ⇧)
근대자본주의	사회적 기능 (Social institution)	기업의 규모와 사회적 비중이 높아짐에 따라 기업의 영향력이 사회적 기능을 수행하는 기업이 윤리성이 높은 기업 (예: 종업원복지향상, 적정임금, 노동의 인간화)
현대자본주의	윤리적 기능 (Ethical institution)	자본 중심의 경영에서 인간존중의 경영으로 변화, 생활의 질을 추구하는 기업이 높은 윤리 기업

1.3 경영이념의 변화와 기업윤리

1) 세디의 연구

〈표 3-3〉 세디의 연구

단계	기업역할과 기업윤리	특징
1단계	사회적 의미 (Social obligation)	소극적으로 반응하는 단계: 기업이 부과된 경제적, 법적 제약에만 반응
2단계	사회적 책임 (Social responsibility)	사회적 요구와 기대에 부응하는 단계
3단계	사회적 반응 (Social responsiveness)	사회에서 기업이 해야 할 역할을 적극적으로 수행하는 단계

2) 헤이와 그레이의 연구

〈표 3-4〉 헤이와 그레이의 연구

단계	경영이념	경영 목표	경영자 책임
제1단계: 이익극대화 경영	돈과 부(富)가 중요	사적이익 ⇨이윤극대화	소유자를 위한 경영
제2단계: 수탁경영	돈과 부(富) 그리고 인간	사적이익과 공헌자이익 ⇨만족이윤추구	소유자, 고객, 종업원을 위한 경영
제3단계: 생활의 질 경영	인간이 돈과 부(富)보다 중요	사적이익, 공헌자이익, 사회이익	소유자, 고객, 종업원, 사회일반을 위한 경영

2. 기업의 사회적 책임

☞ 함께 생각하기 ☜

세계적 명문 집안의 사회적 책임: 스웨덴의 발렌베리家

□ 스웨덴의 발렌베리家
  - 특징: 스웨덴에서 가장 존경 받는 기업으로 5대 150년 동안 가풍을 유지
  - 업종: 에릭슨(통신), 일렉트로룩스(가전), ABB(중전기), 스카니아(상용차), SAAB(자동차, 항공기)
  - 가풍: 자녀교육에서 '기업의 사회적 책임을 강조'
  - 이건희 회장이 방문(2003년 상속문제)
  - 소유: 스웨덴 주식시장 총액의 절반, 국민총생산의 1/3을 차지 vs. 그룹경영진의 사유재산은 200억대에 불과

2.1 사회적 책임의 본질과 특징

1) 사회적 책임의 본질

사회적 책임이란 기업을 경영하는 과정에서 대두되는 윤리적 책임, 도덕적 책임, 경제적 책임, 법적 책임을 포함하는 매우 포괄적인 개념이다.

경영을 계획(plan), 수행(do), 통제(see)라는 PDS시스템으로 볼 때, 기업의 사회적 책임은 윤리적 계획, 윤리적 수행, 윤리적 통제를

하는 과정을 거치게 된다.

2) 사회적 책임의 특징

① 경영진의 의지

경영진의 사회공헌에 대한 의시와 경영진의 의사결정이 사회적 책임의 관점에서 이루어져야 하는 특징이 있다. 이와 같이 기업의 사회적 책임은 그 기업에 속한 경영진의 의지가 매우 중요한 요소로 여겨지고 있다.

② 실행의 동기주의

사회적 책임은 윤리경영 실행상의 동기주의이다. 즉 경영자가 어떤 의사결정을 할 때 윤리경영을 실행하면 소기의 경영이념이나 경영목표가 실현되리라는 확신을 가질 수 있는 동기부여가 되어야 한다는 것이다.

③ 실천적 자발성

기업에서 사회적 책임은 우선적으로 실천하고자 하는 자발성에 기인한다. 법률적인 규제에 저지를 받지 않는 최소한의 자세나 소극적 자세에서 벗어나서 적극적으로 실천하고자 하는 자발성이 있을 때 사회적 책임이 가능하다는 특징을 가진다.

2.2 사회적 책임의 내용

기업의 사회적 책임의 내용은 크게 3가지 차원에서 살펴볼 수 있다. 즉, 기업의 사회공헌 책임, 기업활동의 비윤리적 행동 자제 그리고 기업능력의 사회적 활용과 같은 3가지 차원으로 나누어 이에 해당하는 사회적 책임을 살펴볼 수 있다.

1) 기업의 사회공헌 책임

(1) 소비자 만족과 감동

① 경영합리화, 고품질 제품을 낮은 가격에 공급
② A/S 강화, 제품의 교환 서비스
③ 제품의 사용방법, 이용범위에 대한 소비자 교육
④ 소비자의 자사 견학
⑤ 소비자와의 대화 노력

(2) 지역사회의 공헌

① 자사제품의 사용에 따른 폐기물 처리
② 훼손된 환경의 복원
③ 사고에 대한 피해예방
④ 수질, 공해, 소음 등에 관한 조사
⑤ 지역 주민들과의 대화 노력

(3) 종업원의 권익보호

① 고용안정에 기여, 재고용확대
② 적정급여, 승진의 공정성
③ 재교육의 강화
④ 노동재해의 위험예방
⑤ 종업원과의 대화 노력

2) 기업활동의 비윤리적 행동자제

(1) 비윤리적 행동금지

① 매점, 매석 금지
② 과대광고 금지
③ 잦은 상품모델변경 및 이에 따른 부당한 제품가격인상 자중
④ 독과점에 의한 부당한 가격인상 금지
⑤ 과잉포장, 불량포장 금지

3) 기업능력의 사회적 활용

(1) 기업능력의 지역사회 공헌

① 지역주민 고용 확대
② 지역주민의 각종행사에 참여

③ 종업원의 교통수단 제공

④ 지역사회의 학교, 기관에 예산지원

⑤ 기업의 녹지 확대

(2) 종업원 만족

① 자녀교육비 지원

② 재산형성에 도움

③ 학력별, 성별 임금격차 해소

④ 주택구입 등에 융자 및 융자알선

⑤ 퇴직금제도 개선

(3) 일반 사회 공헌

① 공장의 과밀해소

② 자선단체에 기부지원

③ 재무제표 공시

④ 노약자, 장애인에 대한 배려 및 지원

⑤ 물가억제정책

2.3 현대경영자의 사회적 책임

1) 기업 유지 및 발전(survival & growth)의 책임

기업의 유지 및 발전은 경영자가 가지는 가장 핵심적인 책무사항으로 특히 기업이 존속되지 못할 때 발생할 수 있는 이해당사자들에 대한 피해는 엄청난 사회적인 파급효과를 가져 올 수 있다. 따라서 이런 책임을 '본원적 사회적 책임(primary social responsibility)'이라고 한다.

2) 종업원 복지향상의 책임

경영자가 종업원을 어떤 시각에서 보는가 하는 문제는 기본적으로 종업원의 복지향상과 직결되는 문제이다. 2가지의 다른 시각 즉, 종업원을 기업에 단순 노동력을 제공하여 인건비를 상승시키는 요인으로 보는 시각과 종업원을 기업구성의 중요한 요소로 보는 경영자의 시각에서 보는 종업원의 복지문제는 많은 차이를 보이게 될 것이다. 즉, 종업원의 사기를 진작시키고, 만족을 통하여 기업에 대한 충성심을 유발하게 하는 종업원 복지향상의 책임은 경영자가 가지는 사회적 책임이다.

3) 이해조정의 책임

기업의 이해관계자(주주, 채권자, 종업원, 근로자 등)들 간의 서로 다른 상충되는 이해를 조정하여 기업의 목표를 일치시키는 밸런스경영(balance management)도 경영자의 책임이다.

4) 기타

기타 책임으로는 환경에 대한 책임, 사회공헌에 대한 책임 등을 들 수 있다.

2.4 사회적 책임에 대한 논쟁

1) '기업의 사회적 책임'에 대한 문제점 및 개발요소

(1) 기업의 사회적 책임에 대해 공감대가 형성되어 있기는 하지만 그 범위 및 내용의 가변성 등이 앞으로 발전시킬 요소로 남아있는 실정이다.

① 개념정립의 미비: 사회적 책임에 대한 범위에 대한 통일된 약속이 없는 실정이다.
② 내용의 가변성: 기업의 역할이 증대되는 현대에서 기업의 사회적 책임에 대한 범위가 확대되는 상황이고 그 내용이 가변적이라는 문제가 내포되어 있다.

(2) 기업의 사회적 지표(social index)개발
문제점을 해결하여 사회적 지표를 개발하면 기업에 대한 사회적 책임을 유도하며 격려하는 역할을 수행할 수 있다.

2) 기업의 사회적 책임에 대한 찬·반론

(1) 긍정론
대기업은 방대한 권력을 가지게 되기 때문에 그 권력을 사회공헌에 활용하고 사회적 책임을 져야 한다고 보는 시각

(2) 부정론

① 사회적 비용 ⇧ ⇒ 기업의 존속 ⇩(비용 ⇧, 이윤 ⇩, 존속??)
② 경영자는 주주에 대한 봉사로부터 탈선
③ 권력 ⇧ ⇒ 국가통제가 개입 ⇒ 정경유착 ⇧

3) 경영자의 사회적 책임에 대한 찬 · 반론

(1) 긍정론
대기업은 방대한 권력을 가지게 되기 때문에 그 권력을 사회공
헌에 활용하고 사회적 책임을 져야 한다고 보는 시각

(2) 부정론

① 레비트(Levitt)설: 사회적 책임 ⇒ 권력 ⇧ ⇒ 경영자 독재
② 프리드만(Friedman)설: 기준이 모호 ⇒ 정부 및 정치꾼 개입
③ 헤이네설: 경쟁 + 이윤극대화 ⇒ 종업원 복지 ⇧

(3) 긍정론과 부정론의 공통점

① 자유주의 체제 인정: 정부개입 반대 ⇒ 경영자 독재
② 이윤추구 ⇒ 공익증진 확신

(4) 긍정론과 부정론의 상이점

〈표 3–5〉 긍정론과 부정론의 상이점

구분	긍정론	부정론
기본전제	사회적 책임에 적극적	사회적 책임에 소극적
경영목표	가치극대화	이윤극대화
공익실현	사회적 책임에 자발적, 적극적	사회적 책임 축소 (복지는 정부의 책임)

2.5 윤리강령 모델 정리

① 정경유착탈피, 부패정리

② 전문경영인에 의한 자율경영체제보장

③ 공정거래를 갖춘 자유시장경제 질서

④ 중소기업지원을 통하여 동반자 관계 확립

⑤ 사회적 공헌(친환경기업, 고객신뢰, 윤리경영, 노사상생, 종업
원 질 향상)

부영, 이중근 회장의 나눔경영…국경이 따로 없다
'라오스 초교 위해 디지털 피아노 1,000대 기증'[9]

나눔경영, 사회환원, 교육환경 개선을 위한 아낌없는 후원 기업으로 평가받고 있는 (주)부영이 국내 교육 기증 활동을 넘어서 베트남, 인도차이나반도 3개국에 걸쳐 국경을 뛰어넘는 기증 활동을 펼치고 있다.

부영(회장 이중근)은 상오 라오스 수도 비엔티엔에서 솜사왓 부수상을 비롯해 라오스 고위 정부관계자, 駐라오스 박재현 한국대사, 현지 교민들이 참석한 가운데 우리나라 졸업식 노래가 담긴 디지털 피아노 1,000대를 기증했다고 22일 밝혔다.

이중근 회장이 디지털 피아노를 선택하게 된 동기는 열악한 교육 환경과 함께 한국과 달리 졸업식 노래가 없는 라오스에 한국의 졸업식 노래를 보급할 수 있는 방법을 구상하던 중 디지털 피아노를 기증하게 됐다.

이번에 기증된 디지털 피아노에는 라오스 애국가를 비롯해 우리나라 졸업식 노래(윤석중 작사, 정순철 작곡)의 곡과 가사가 라오스어로 번안돼 저장됐으며 이 밖에 고향의 봄, 아리랑 등 한국인들이

---

9) 출처: http://www.newspim.com/ 2009년 9월 25일자 기사내용.

즐겨 부르는 곡이 수록됐다.

이중근 회장은 기증식 행사를 통해 "라오스 초등학교에 기증된 디지털 피아노는 초등학생들의 음악교육 여건 개선뿐 아니라 양국 간 우호관계 증진에도 큰 역할을 할 것"이라며 "앞으로도 꾸준히 교육기자재 등을 보급해 초등학생들과 마음을 나누고 싶다."고 말했다.

한편, 라오스를 비롯해 베트남, 인도차이나반도 3개국에 총 5,000여 대의 디지털 피아노 기증 약정식을 진행한 부영은 비엔티엔에 '부영 라오은행'을 설립, 23일 개점식 행사를 가질 예정이다.

'부영 라오은행'은 모기업의 주력분야가 주택사업인 만큼 주택금융 전문은행으로 발전해 주택자금 대출은 물론 주거환경이 낙후된 라오스에 주택을 직접 공급 융자 제공 및 분양을 동시에 진행하는 사업을 수행한다는 방침이다.

[퀴즈문제]

* 아래의 내용이 맞으면 T, 틀리면 F를 빈칸에 넣어 주세요.

1. 기업윤리는 자본주의의 발달에 따라 그 성격과 범위가 변해왔다. ( )
2. 기업의 사회적 책임을 실천하기 위해서는 기업의 경영자 의지가 중요하고, 기업목표와 부합되게 하는 것이 중요하며 자발적인 실천이 요구된다. ( )
3. 현대경영자의 사회적 책임 중에서 본원적 사회적 책임이란 기업의 유지 및 발전이란 핵심적인 책무사항을 의미한다. ( )

[정답] 1. (T) 2. (T) 3. (T)

[요점정리]

1. 기업윤리라는 화두는 자본주의의 발달에 따라 그 성격과 범위가 변해왔다.
   상업자본주의에서는 기업윤리가 시혜적이라는 관점에서 현대의 대중자본주의에서는 사회적, 대중적으로 기업의 윤리를 인식하고 있으며, 따라서 경영이념도 기업의 이윤추구라는 초기의 모습에서 이젠 생활의 질 향상이라는 변화를 경험하고 있다.

2. 기업의 사회적 책임을 실천하기 위해서는 기업의 경영자 의지가 무엇보다 중요하며, 윤리경영이 기업의 목표와 부합된다는 인식과 아울러 자발적인 실천이 요구되며, 관리적인 측면에서 윤리

적인 계획(plan), 윤리적 수행(do), 윤리적 통제(see)가 요망된다.

3. 경영자는 기업 유지 및 발전에 대한 본질적인 책임을 가진다.
   기업 및 경영자의 사회적 책임에 대해선 보는 시각에 따라서
   찬성과 반대의 논쟁이 존재한다.

[용어정리]

① 경영자의 '본원적 사회적 책임': 경영자의 본원적 사회적 책
   임은 경영자가 수행하는 핵심적인 책임으로 기업의 유지 및
   발전에 대한 책임을 의미한다.
② 사회적 책임: 기업을 경영하는 과정에서 대두되는 윤리적 책
   임, 도덕적 책임, 경제적 책임, 법적 책임을 포함하는 매우
   포괄적인 개념이다.

[참고문헌]

① 김성수, 『21세기 윤리경영론』, 삼영사, 2009.
② 김택, 『공기업 윤리경영』, 한국학술정보(주), 2010.
③ 심용아, 『재미있는 윤리경영 이야기』, 서울과학종합대학원.
④ 이관춘, 『윤리경영전략』, 학지사, 2009.
⑤ 이원재, 『전략적 윤리경영의 발전』, 삼성경제연구소, 2005.
⑥ 임태순, 『경영학원론』, 한국학술정보(주), 2010.
⑦ 임태순 외 2인, 『현대경영학의 개관』, 법문사, 2006.
⑧ 임태순 외 2인, 『현대경영학의 이해』, 법문사, 2002.
⑨ 허승호, 『윤리경영이 온다』, 동아일보사, 2004.
⑩ http://www.newspim.com/ 2009년 9월 25일자 기사내용.

1. 윤리경영과 이해관계자를 살펴보고, 이해관계자의 관리원칙과 분석 방법에 대하여 살펴본다.
2. 윤리경영의 차원에서 이해관계자의 분석방법과 관심사에 대해 알아보고, 윤리경영의 의사결정에 대해 논의해 본다.
3. 윤리경영의 의사결정에서 의사결정의 유형과 의사결정의 과정 그리고 윤리적 의사결정의 단계에 대해 살펴보고 이해한다.

제4장 윤리경영의 이해관계자·의사결정

1. 윤리경영의 이해관계자

1.1 이해관계자

1) 윤리경영과 이해관계자

① 이해관계자(stakeholders) : 기업주, 주주, 종업원, 소비자, 경쟁자, 거래처, 노동조합, 금융기관, 정부, 지역주민 등과 같은 기업과 관련이 되는 개인이나 집단으로 기업의 경영활동으로 말미암아 영향되어져서 금전적인 이익이나 손실, 또는 권리가 침해되거나 손상당할 수 있는 관계인을 의미한다.

② 윤리경영을 하는 경영자 책무 : 경영자는 본연의 책무인 기업의 유지와 발전을 위하여 최선의 노력을 다해야 한다. 하지만 기업의 이해관계자들 간에 서로 이해가 상충하는 경우

가 발생할 수 있는데, 이럴 경우에 기업의 경영자들은 이해관계를 조정하여 경영자 본연의 책무에 충실할 수 있게 하여야 하며, 아울러 경영활동의 행동이 다른 사람에게 영향을 주어서 발생된 결과에 대해서도 책임을 져야 하는 윤리경영을 실천하여야 한다.

1.2 이해관계자의 관리원칙

1) 기업합법성의 원칙

기업합법성의 원칙이란 이해관계자를 위하여 합법적으로 관리되고 활동되어져야 한다는 원칙으로, 이해자의 권익보호가 전제되어야 하고 이들에게 중대한 영향을 주는 문제의 의사결정에는 이들의 의견이 반영되도록 해야 한다.

2) 기업대리인의 원칙

경영자는 기업의 대리인인 동시에 이해관계자의 대리인이기도 하다. 따라서 장기적인 관점에서 양자의 이익을 대변해야 한다. 아래의 3게임 중에서 플러스 게임이 되는 선택을 하여야 한다.

① 마이너스 게임: 기업의 이익도 낮고 이해관계자의 이익도 낮은 상태
② zero-sum 게임: 기업의 이익이 높으면, 이해관계자의 이익은 낮고 기업의 이익이 낮으면, 이해관계자의 이익이 높은 상태
③ 플러스 게임: 기업과 이해관계자의 이익이 모두 높은 상태

워런 버핏 "37조원 자선단체에 기부"[10]

□ 워런 버핏: 전 재산의 85%인 374억 달러를 기부
  - 기부액 규모: 대부분의 아프리카 국가 국내총생산(GDP)보다 많은
    액수 (세계 60위 경제국인 크로아티아의 GDP는 343억 달러(2004년))
  - 워런 버핏: 투자의 달인, 오마하의 현인
    (집은 1958년 3만 1,500달러에 구입, 10년 넘은 자동차)
  - 역대 거액 자선가
    앤드루 카네기: 3억 5,000만 달러(현재가치는 72억 달러)

〈그림 4-1〉 워런 버핏

---

10) 출처(이미지포함): 동아일보, 2006년 6월 기사내용.

존 록펠러: 5억 3,000만 달러(현재가치는 71억 달러)

존 록펠러 Jr.: 4억 7,500만 달러(현재가치는 55억 달러)

1.3 이해관계자 분석방법

1) 개념

이해관계자 분석이란 회사와 회사의 방침과 행동으로 영향되어지는 이해관계자 그룹과의 관계 관리를 가능하게 하는 분석으로, 위기관리의 분석기법과 계획기법으로도 활용된다.

2) 이해관계자 분석의 단계적 순서

제1단계: 회사의 목표와 기본적 전략

제2단계: 이해관계자의 관심사

제3단계: 이해관계자의 기업전략집행상의 영향력 평가

제4단계: 이해관계자 이익의 우선순위

제5단계: 회사의 대응전략

제6단계: 통제 · 평가

3) 이해관계자의 관심사

〈표 4-1〉 이해관계자의 관심사

이해관계자	비윤리적 행위	이해 관계자의 관심사
주주/투자자	주가조작 · 가격조작	주가변동
기업주/경영자	비윤리적 기업, 부패기업	기업신인도 · 기업경쟁력
종업원	저임금 · 체불임금	임금 · 상여금
소비자	허위과대광고, 폭리	신뢰성
경쟁업자	덤핑판매, 부정낙찰	기업이미지
소비자단체	허위정보, 과대광고, 유해식품	안전, 고발
지역주민	산업폐기물, 불법처리	환경보존
정부	뇌물제공, 정경유착	안전, 깨끗한 정부

2. 윤리경영의 의사결정

2.1 의사결정의 의의

1) 윤리경영적 의사결정의 의의

의사결정이란 목적의 설정과 그 목적에 도달하기 위한 대체적인 코스의 선택에 관한 인간행동이다.

2) 의사결정의 원리

① 주관적 요소: 인간행동에 따른 주관성

② 목적의 설정: 확실한 목표설정

③ 정황: 어떤 상황인가 하는 상황인식

이와 같은 의사결정을 적용함에 있어서는 아래의 최적화와 만족화 원리가 적용된다.

▷ 최적화 원리: 가장 유리한 선택을 행하는 결정원리
▷ 만족화 원리: 만족목표수준을 설정하고 대체안이 발견되면 그 것을 선택

3) 의사결정이 중요하게 대두되는 이유

① 의사결정의 분권화: 경영조직이 분권화하면서 주어진 권한범위 내에서의 책임 있는 의사결정의 중요성이 대두되게 되었다.
② 경제계획의 장기화: 장기계획이 필요함에 따라 이에 따르는 위험을 회피하기 위해 책임 있는 의사결정이 요구된다.
③ 자동화, 정보화, 윤리화: 업무가 자동화, 정보화되고, 아울러 윤리적 의사결정이 중심이 되는 의사결정이 요구되기 때문이다.

2.2 의사결정의 유형

① 전략적 의사결정(strategic decision)
② 전술적 의사결정 혹은 관리적 의사결정(tactical 혹은 administrative decision)
③ 업무적 의사결정(operating decision)

2.3 의사결정의 과정 - 의사결정 시스템

1) 문제의 포착(problem formulation)
문제를 정확하게 파악하는 단계로서, 환경적인 측면에서는 확실성하의 의사결정과 불확실성하의 의사결정으로 구분된다.

2) 문제의 분석(analysis of the problem)
P. 드러커는 ① 결정의 장래성, ② 타 부문의 영향정도 등으로 나누어서 전체적으로 분석할 필요성을 역설했다.

3) 상황분석(situation analysis)

4) 택일적 수단의 검토(alternative solution)

5) 해결책의 결정

2.4 윤리적 의사결정단계 - 파스칼모형

굿 페이스터(Good Paster) 교수는 PASCAL 모형을 제시하였다.

1) 1단계: 지각(Perception)

① 의사결정과 환경문제에 대한 통합
② 원하는 정보수집 및 정리과정

③ 윤리문제 관점에서 이해관계자 정보수집

④ 양심적 의사결정 선택

2) 2단계: 분석(Analysis)

① 이해관계자 파악/비용과 편익 분석

② 내용의 장점과 단점 분석

3) 3단계: 통합(Synthesis)

① 대안의 파악, 윤리적 우선순위 결정

② 윤리적 통합/장점과 단점분석

4) 4단계: 선택(Choice)

① 결정시기의 결정

② 최적 대안의 선택

③ 수정될 수 있는 의사결정 및 평가

5) 5단계: 행동(Action)

① 집행책임자의 결정

② 자원배분

③ 집행과정의 감시계획

6) 6단계: 학습(Learning)

① 행동과정의 결과의 평가
② 행동과정의 수정
③ 의사결정의 수정

2.5 의사결정의 패턴

의사결정에 도움을 주는 과학적인 방법들은 아래와 같은 4가지 상태 또는 패턴에 따라 이용될 수 있다.

① 확실성 상태(certainty state): 손익분기점분석(BEP분석) 등
② 위험 상태(risk condition): 시뮬레이션, 확률론 등
③ 불확실성 상태(uncertain condition): 게임이론 등
④ 갈등(conflict)

LS전선 "사회공헌에는 국경이 없다"[11]

LS전선(대표 구자열)은 각 사업장을 기반으로 밀착형 나눔경영을 펼치는 것으로 유명하다. 의무감에서가 아닌 지역시민의 일원으로서 사회적 책임을 다해 공동체 발전에 기여하고 이를 통해 기업과 소비자의 '윈윈'을 도모하는 것이다.

특히 이 같은 전략에는 국경이 없다. LS전선은 중국을 '제2 내수시장'으로 지정, 현지에서도 나눔경영에 힘을 쏟고 있다.

지난 7월에는 중국 출자사인 LS홍치전선이 소재한 호북성 이창시 지역 대학생 55명을 선발해 '2010 상하이 세계박람회'를 견학했다.

이창시 소재 삼협대학 등에 재학 중인 이 대학생들은 박람회를 관람한 뒤 무석에 위치한 LS산업단지와 소주에 위치한 수페리어 에

---

11) 출처: 머니투데이, 2011년 2월 19일자 기사내용.

식스(SPSX) 사업장 등을 방문, 산업현장을 체험하는 기회를 가졌다.

LS전선은 또 2005년부터 청도 이공대학 등 인근 대학 등에 장학금을 지원하고 있고 2006년에는 중국사업 현지화 일환으로 중국장애인연합회에 100만 위안(약 1억 2,000만원)을 기부한 바 있다.

국내 사업장에서도 다양한 사회공헌활동을 통해 나눔경영을 실천하고 있다.

LS전선 안양사업장의 '사랑 실천회'는 1997년 발족, 현재 회원이 400여 명에 이른다. '사랑 실천회'는 매년 10월 '노인의 날'에 안양일대 독거노인 100여 명을 모시고 경로잔치를 벌이고 있다.

또 나환자들이 생활하는 인근 성나자로 마을을 찾아 노력봉사는 물론 생활필수품 지원 등의 활동을 매월 펼치고 있다. 독거노인들의 고희연과 소년소녀 가장 돕기 행사도 나눔 목록에서 빼놓을 수 없다.

1999년 결성된 구미사업장의 '참사랑 나눔회'는 300여 명 회원으로 구성돼 있다. 이들은 김천시 애향복지원과 자매결연을 맺고 정기적으로 생필품을 전달하고 노력봉사를 하고 있다. 원생과 회원들 간 친목 도모를 위해 매년 1회 체육대회도 연다.

또한 회사 자체 봉사활동으로 안양천 살리기 캠페인을 분기마다 펼치고 있고 전 임직원의 급여 우수리 제도를 통해 기금을 사업장별로 배분, 주변 불우이웃들뿐만 아니라 관련 시설에 생활비와 생필품을 지원하고 있다.

안원형 LS전선 상무는 "LS전선의 사회 공헌 활동은 '지역 공동체 발전이 곧 기업의 발전'이라는 생각에 토대를 두고 있다."며 "향후 국내·외를 가리지 않고 각 사업장별로 최적화된 나눔경영을 지속적으로 추진할 것"이라고 말했다.

[퀴즈문제]

* 아래의 내용이 맞으면 T, 틀리면 F를 빈칸에 넣어 주세요.

1. 윤리적 의사결정단계의 PASCAL 모형은 지각(Perception), 분석(Analysis), 통합(Synthesis), 선택(Choice), 행동(Action), 학습(Learning)으로 되어 있다. (   )

2. 기업의 사회적 책임을 실천하기 위해서는 기업의 경영자 의지가 중요하고, 기업목표와 부합되게 하는 것이 중요하며 자발적인 실천이 요구된다. (   )

3. 기업합법성의 원칙이란 이해관계자를 위하여 합법적으로 관리되고 활동되어져야 한다는 원칙이다. (   )

[정답] 1. (T)   2. (T)   3. (T)

[요점정리]

1. 이해관계자(stakeholders)란 기업주, 주주, 종업원, 소비자, 경쟁자, 거래처, 노동조합, 금융기관, 정부, 지역주민 등 기업과 관련이 되는 개인이나 집단으로 기업의 경영활동으로 말미암아 영향되어져서 금전적인 이익이나 손실, 또는 권리가 침해되거나 손상당할 수 있는 관계인을 의미한다.

2. 이해관계자 분석이란 회사와 회사의 방침과 행동으로 영향되어지는 이해관계자 그룹과의 관계 관리를 가능하게 하는 분석으로, 위기관리의 분석기법과 계획기법으로도 활용된다.

3. 윤리적 의사결정의 단계는 굿 페이스터(Good Paster) 교수가 제시한 PASCAL 모형이 이용된다. PASCAL모형은 지각(Perception), 분석(Analysis), 통합(Synthesis), 선택(Choice), 행동(Action), 학습(Learning)으로 되어 있다.

[용어정리]

① PASCAL 모형의 윤리적 의사결정의 단계는 굿 페이스터(goodpaster) 교수가 제시한 내용이 되며 세부적으론 지각(Perception), 분석(Analysis), 통합(Synthesis), 선택(Choice), 행동(Action), 학습(Learning)으로 되어 있다.

[참고문헌]

① 김성수, 『21세기 윤리경영론』, 삼영사, 2009.
② 김택, 『공기업 윤리경영』, 한국학술정보(주), 2010.
③ 심용아, 『재미있는 윤리경영 이야기』, 서울과학종합대학원.
④ 이관춘, 『윤리경영전략』, 학지사, 2009.
⑤ 이원재, 『전략적 윤리경영의 발전』, 삼성경제연구소, 2005.
⑥ 임태순, 『경영학원론』, 한국학술정보(주), 2010.
⑦ 임태순 외 2인, 『현대경영학의 개관』, 법문사, 2006.
⑧ 임태순 외 2인, 『현대경영학의 이해』, 법문사, 2002.
⑨ 허승호, 『윤리경영이 온다』, 동아일보사, 2004.
⑩ 동아일보, 2006년 6월 기사내용.
⑪ 머니투데이, 2011년 2월 19일자 기사내용.

Part 2

기업윤리강령과 환경윤리

■ 제5장 기업윤리강령
■ 제6장 환경문제와 기업윤리

학습목표

1. 기업에서의 윤리강령에 대한 이해를 높이고자 그 의의를 살펴보고 기업
   윤리강령의 필요성에 대해 살펴본다.
2. 기업윤리강령의 절차에 대해 살펴보고 운영에 대해서도 알아본다.
3. 기업윤리에 대한 사례로서 한국기업의 윤리경영에 대해 알아본다.

제5장 기업윤리강령

1. 기업윤리강령의 의의

1.1 기업윤리강령의 개념

1) 개념

(1) 기본개념

기업윤리강령(code of business ethics)이란 기업에서 경영행위의 기준이 되는 일반적 가치체계, 윤리원칙 및 회사가 적용하고자 하는 특정의 규칙을 문서화한 형태이다. 따라서 '기업윤리헌장'의 좀 더 구체적인 표현이나 때론 서로 같이 혼용되기도 하고, 기업에 따라서는 기업윤리강령을 '기업윤리규정', 또는 '기업행동헌장'으로 사용하기도 한다.

(2) 유사개념정리

① 사훈(社訓, business motto)

사훈은 구성원들에 의해 공통적으로 수용되는 가치체계 또는 신념체계로서, 경영자가 기업경영에 대해 가지는 기본적인 가치, 태도, 신념이나 행동기준을 말한다. 때론 경영이념(management ideology), 경영신조, 경영철학이라고도 한다.

예) 삼성(창업자인 이병철 회장): '事業報國', '人材第一', '合理追求'

삼성(현재): '인간존중'

LG상사의 경영이념: "고객을 위한 가치창조, 인간존중의 경영"

② 기업윤리헌장

기업의 가치관이나 신념을 표현한 기업윤리의 기본적인 문서로 주로 1-2쪽으로 구성되어 있다.

③ 종업원 행동지침(guidelines for business conduct)

기업윤리강령을 실천하기 위한 종업원 및 임원들의 구체적인 행동지침을 의미한다. 이해를 돕기 위하여 만화 등이 사용되며 휴대하기 쉽게 제작되어 구성원들에게 배포된다.

④ 종업원 행동지침문답

일종의 '종업원 행동지침 해설서' 질문의 형식을 빌어서 해설한 문서이다.

1.2 기업윤리강령의 목적과 활용

1) 기업윤리강령의 목적

기업이 지향하는 수준의 기업윤리의 높이를 정해놓고, 전체 구성원이 그 수준에 맞는 행동을 하도록 유도하는 데 기본 목적이 있다. 또한 기업은 기업윤리강령을 대외적으로 공표하여 기업의 윤리수준을 천명하고, 동시에 기업내적으로도 윤리적 분위기를 조성하는 데 그 목적이 있다.

2) 기업윤리강령의 활용

① 구성원들에게 행위의 기준을 제공한다.
② 윤리적인 문제발생을 사전에 예방한다.
③ 경영관리의 기준을 제공한다.
④ 비윤리적 압력에 대항할 근거를 제공한다.

1.3 선(善)에 대한 3가지 시각

〈표 5-1〉 선에 대한 3가지 시각

시각	내용
상대주의	타인이 하는 수준에 만족하는 시각 *평가: 비윤리적인 행위를 위한 변명에는 합격이나 진정한 '선'에는 미흡
목적론	목적이 善이면 결과도 善이 된다는 시각 *평가: 목적이 좋으면 뇌물도 정당화될 수 있다.
의무론	결과와 관계없이 마땅히 해야 할 일을 해야 한다는 시각 *평가: 최고수준의 '선'

2. 기업윤리강령의 제정

SK(주) 윤리경영시스템 도입(2006년)

□ 윤리경영 홈페이지[12]

윤리경영이란 기업이 경영활동을 함에 있어 경제적·법적 책임 수행은 물론, 사회적 통념으로 기대되는 윤리적 책임의 수행까지 기본적 의무로 인정하고 이를 기업의 의사결정과 행동원칙으로 삼아 실천하는 것을 의미합니다.

기업의 사회적책임	경제적 책임	법적 책임	윤리적 책임	자선적 책임
주요내용	이윤 창출을 통해 기업의 영속성 유지	사회가 법을 통해 만들어 놓은 Rule 속에서 기업경영 활동 수행	법적으로 강요되지 않으나 사회통념에 의해 형성된 기준에 맞는 윤리적 경영 활동	경영활동과 직접 관련이 없는 문화활동,기부 자원봉사 등의 활동 수행
경영 구분	준법 경영		윤리 경영	

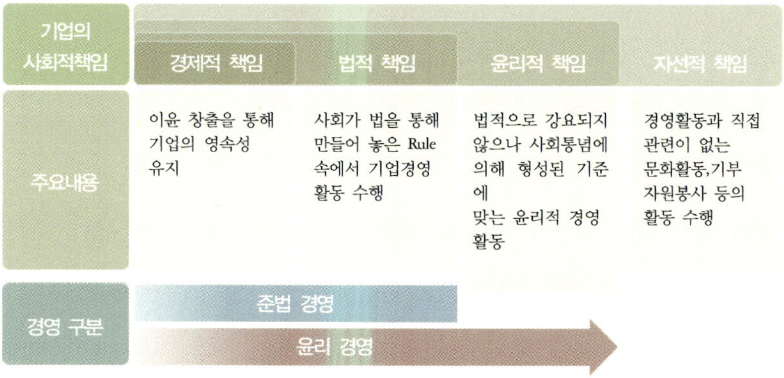

SK주식회사의 윤리경영은 이해관계자들에 대한 가치를 창출하여 사회 전체의 행복극대화에 기여하고자 하는 SKMS(SK Management System)의 경영기본이념을 일상 경영활동에서 적극적으로 실천하는 것을 의미합니다.

〈그림 5-1〉 SK(주) 윤리경영

---

12) 출처: http://ethics.skcorp.com

2.1 기업윤리강령의 제정절차

윤리강령의 제정절차는 아래와 같이 6단계를 거치며, 상당한 시간을 두고 진행된다.

① 제1단계: 기업윤리강령제정위원회 구성
② 제2단계: 참고자료수집
③ 제3단계: 기업윤리강령 초안 작성
④ 제4단계: 회사 내 공청회
⑤ 제5단계: 종업원 행동준칙 작성
⑥ 제6단계: 기업윤리강령의 확정과 선포

1) 제1단계: 기업윤리강령제정위원회 구성

기업윤리강령은 구성원들의 동의와 적극적인 참여가 전제되어야 성공을 기약할 수 있기에 윤리강령의 작성과 토론과정에 구성원들의 적극적인 참여와 의견이 반영되어야 한다. 이렇게 되기 위해서는 이사회의 결의를 거쳐 회사 내에 '기업윤리제정위원회' 같은 프로젝트팀을 구성하는 것이 효과적이다.

2) 제2단계: 참고자료수집

기업윤리관련 참고자료를 수집해야 하는데, 아래와 같이 관련되어 있는 국제와 국내자료로 나누어 볼 수 있다.

① 국제적 자료: OECD국가 공무원 뇌물방지법, OECD국가의 윤리

강령

② 국내적 자료: 공정거래법, 해외공무원 뇌물방지협정, 제조물
책임법(PL법) 전경련 기업윤리헌장

3) 제3단계: 기업윤리강령 초안 작성

수집된 참고자료와 최고경영자의 생각, 그리고 종업원들의 생각
을 반영하여 초안을 작성한다.

4) 제4단계: 회사 내 공청회

기업윤리강령 초안에 기초하여 초안에 대한 토론과 공청회를 가
짐으로써 구성원들의 다양한 의견을 듣고 문제점에 대해 의견을
교환하는 절차이다.

5) 제5단계: 종업원 행동준칙 작성

기업윤리강령이라는 기본원칙에 대한 실천을 위한 구체적인 지
침의 작성 과정이다. 따라서 행동준칙은 상당히 구체적으로 기술되
는 행동준칙이라고 할 수 있다.

6) 제6단계: 기업윤리강령의 확정과 선포

이사회를 거쳐 기업윤리강령이 최종적으로 확정되면 이를 선포
하고, 구성원들로부터 공포된 기업윤리강령과 행동준칙을 준수하겠
다는 서약을 하여 실천에 대한 강력한 의지의 표현을 하는 과정을
거친다.

2.2 기업윤리강령의 구성

1) 윤리강령의 전문

기업윤리강령의 전문에는 기업의 기본적 가치관을 표시하고 구체적인 윤리강령의 내용과 지켜야할 필요성을 명시한다.

2) 윤리강령의 본문

본문에는 기업이 지향하는 기본이념과 기본방침을 규정하고, 기업의 이익과 종업원의 이익이 상충되지 않도록 규정하며, 준수를 위한 구체적인 지침을 명시한다.

예) 위반 시 처벌규정, 내부고발 의무화 등

3) 윤리강령의 구성요소

〈표 5-2〉 윤리강령의 구성요소

구성	기본적인 주요 내용
전문	강령제정의 이유, 준수 임무
1. 기본정신	선한기업, 사회적 가치창조
2. 고객	고객은 기업이 존재하는 이유, 성실
3. 종업원	종업원은 자산
4. 주주	정당한 투자수익 보장
5. 임원	회사의 명예가 개인의 명예보다 우선
6. 경쟁자	공정경쟁, 공평한 대우
7. 지구환경	환경친화, 공생관계

4) 기업윤리강령의 주요 골자

제1장: 기업의 경영이념(기본방침)
　－인간존중, 고객제일주의, 사회의 공헌

제2장: 기업 활동의 기본방향
　－건전한 기업 활동의 전개, 사회적 책임, 인권존중, 환경보호

제3장: 기업의 사회적 책임
　－사회공헌 책임, 환경보호 책임, 지역사회 책임

제4장: 기업의 이해관계자와의 관계
　－공정한 거래, 선물 및 접대, 정치헌금

제5장: 종업원의 책임
　－회사이익과 개인이익의 충돌
　－관련회사와의 관계

제6장: 회사재산보호
　－회사재산의 보호의무, 영업비밀준수, 컴퓨터 DB관리

제7장: 윤리강령의 집행
　－윤리강령 대상의 명시
　－윤리담당임원의 역할
　－위반 시의 처벌규정

3. 한국기업의 윤리경영 사례

☞ 함께 생각하기 ☜

한국경영대상(한국능률협회컨설팅)

□ 부문(총 4개 부문): 가치경영, 윤리경영, 인재경영, 혁신경영
□ 2005 한국경영대상부문: 윤리경영 최우수상 수상회사

13)

CEO 인사말 화두: 글로벌경영의 기본! 그것은 바로 윤리경영입니다.

윤리실천 SELF CHECK

· 회사업무에 있어 공정하고, 정직하게
  최선을 다해 임하고 있습니까?

· 나는 항상 긍정적인 사고로 적극적으로
  업무를 수행합니까?

· 나의 이미지가 곧 회사의 이미지가
  된다는 것을 항상 느낍니까?

· 나의 행동이 회사를 위해 가치 있는
  일입니까?

· 업무수행에 자신있게 나의 이름을
  걸 수 있습니까?

〈그림 5-2〉 한국남부발전(주)의 윤리경영

---

13) 출처: http://www.kospo.co.kr

3.1 삼성전자

❑ 경영이념: 인재와 기술을 바탕으로 최고의 제품과 서비스를 창출하여 인류사회에 공헌한다.

❑ 윤리헌장

1. 고객만족을 최우선의 가치로 삼고, 임직원, 협력사, 주주와 함께 신가치창출의 동반자로서 상호 신뢰와 존중을 바탕으로 공동의 번영을 추구한다.

2. 비즈니스 활동을 수행하는 모든 지역과 국가의 문화와 관습을 존중하며 법규와 도덕을 준수하고 공정한 경쟁을 통해 건전한 기업시민으로서의 권리와 의무를 성실히 수행한다.

3. 자율과 책임, 창의와 도덕정신을 중시하고 인간미와 도덕성을 함양하며 예의범절과 에티켓의 준수를 통해 삼성전자의 명예와 품위를 지킨다.

4. 정직과 성실로써 맡은바 업무에 최선을 다하며 상대방을 존중하고, 배려하는 인간관계와 노사협력을 바탕으로 건전한 조직문화를 창출한다.

☐ 제1장 기본책무

1. 최고의 제품과 서비스 창출

    세계초일류 기업을 목표로 질 위주 경영을 통해 최고의 제품과
    서비스 창출

2. 고객중시

    '고객이 있으므로 삼성전자가 존재한다.'는 신념으로 고객민족에 최선

☐ 제2장 주주존중

1. 주주이익의 보호

2. 경영정보의 공개: 주주와의 상호 신뢰 구축을 위해 경영정보
    를 성실히 공개한다.

☐ 제3장 고객존중

1. 고객존중

2. 고객응대: 즐거운 마음으로 고객을 응대한다.

☐ 제4장 사회와의 공존

1. 사회공헌

2. 협력회사와의 공존, 공영

☐ 제5장 환경보존과 안전

1. 환경친화적 경영

2. 자연보호

☐ 제6장 임직원의 기본윤리

1. 명예와 품위유지: 삼성전자인은 인간미, 도덕성, 예의범절, 에티켓을 생활화하여 명예와 품위를 지킨다.

2. 자율과 창의, 도전 중시

☐ 제7장 윤리강령 준수 의무

1. 위반행위 시 원인규명과 교육을 통해 재발을 방지한다.

2. 위반할 경우 징계조치를 받는 등 해당행위에 대한 책임을 진다.

3. 위반하는 행위를 강요받을 경우에는 부서장 또는 임원에게 신고한다.

〈그림 5-3〉 국민은행 로고[14]

3.2 국민은행

☐ 윤리강령

1. 정직과 신용을 바탕으로 고객이 가장 선도하는 "세계수준의 소매은행"을 지향한다.

---

14) 이미지: 국민은행 홈페이지.

2. 이를 위하여 공정하고 투명한 경영으로 고객만족을 실현하고 기업가치를 끊임없이 향상시켜 고객, 주주 등과 함께 성장 발전하는 은행을 만들기 위해 노력한다.

3. 이에 우리의 가치판단과 행동의 기준으로 '윤리강령'을 제정하고 이를 적극 실천할 것을 다짐한다.

□ 제1장 기본정신
1. 주주극대화와 고객만족을 모든 가치판단과 행동의 최우선 기준
2. 올바른 윤리관 확립, 성실한 직무수행
3. 건전한 금융질서 확립, 이해관계자와 공동의 번영을 추구
4. 국가 및 지역사회발전에 공헌

□ 제2장 은행의 경영활동
1. 주주가치 극대화
2. 고객만족
3. 임직원 삶의 질 향상

□ 제3장 은행의 사회적 책임
1. 법규준수
2. 사회발전에 기여

□ **제4장 임직원의 근무윤리**

1. 일반준수사항

2. 공정한 직무수행

3. 이해상반행위금지

4. 임직원 상호 존중

5. 정보의 관리

■ 심화학습 ■

뇌물공여지수
한국 30개국 중 21위[15]

국제투명성기구(TI)가 4일 발표한 '2006 뇌물공여지수(BPI)'에서 한국이 조사대상 30개국 중 21위를 차지해 국제시장에서 뇌물을 제공할 가능성이 큰 나라에 속하는 것으로 나타났다. 조사대상 국가는 한국 등 수출주도국인 30개국.

2006년 BPI조사는 국제투명성기구가 125개국의 기업인 1만 1232명에게 자국에서 활동하는 외국기업이 뇌물을 제공하거나 비자금을 조성한 사례가 있었는지를 설문조사해 작성했다.

"경험상 당신이 꼽은 외국기업이 어느 정도까지 비자금을 조성하거나 뇌물을 주는가?"에 대한 대답을 '뇌물이 만연'(1점)부터 '뇌물이 전혀 없음'(7점)까지 점수를 매겨 10점 만점으로 환산한 것으로 점수가 높을수록 청렴도가 높은 것으로 평가된다.

한국은 10점 만점에 5.83점으로 1999년 조사에서 19개국 중 3.4점으로 18위, 2002년 21개국 중 3.9점으로 18위를 기록했던 과거보다 순위가 조금 올랐지만 여전히 하위권이다.

1위는 7.81점을 얻은 스위스가 꼽혀 '가장 뇌물을 줄 가능성이 낮은 나라'로 평가됐고, 스웨덴이 7.62점으로 2위를 차지했다. 최하위인 30위는 4.62점을 얻은 인도가 꼽혔으며 중국이 29위, 러시아가

---

15) 출처: 동아일보, 2006년 10월 4일자 기사내용.

28위였다.

이번 조사에서는 대다수 기업이 경제협력개발기구(OECD) 국가에서는 높은 점수를 받은 반면 저소득국가에서는 낮은 점수를 받았다. 이는 각국 기업이 이중기준을 두고 저소득국가에서 사업할 때는 뇌물에 더 의존하기 때문인 것으로 풀이된다.

한국 기업도 OECD국가에서는 6.7점을 받았지만 저소득국가에서는 5.2점을 받아 1.5점이나 차이가 났다.

국제투명성기구는 성명을 통해 "수출주도국들이 세계적으로 추잡한 사업을 벌여 발전을 저해하고 있고 특히 브릭스(BRICs · 브라질 러시아 인도 중국)가 나쁜 행태를 보이고 있다."고 밝혔다.

독일 베를린에 본부를 둔 비영리단체인 국제투명성기구는 1999년 뇌물공여지수를 처음 발표했으며 2002년에 이어 올해가 세 번째다.

* 아래의 내용이 맞으면 T, 틀리면 F를 빈칸에 넣어 주세요.

1. 기업윤리강령의 전문에는 기업의 기본적 가치관을 표시하고 구체적인 윤리강령의 내용과 시켜야 할 필요성을 명시한다. ( )
2. 기업윤리강령의 본문에는 기업이 지향하는 기본이념과 기본방침을 규정하고, 기업의 이익과 종업원의 이익이 상충되지 않도록 규정하며, 준수를 위한 구체적인 지침을 명시한다. ( )

3. 사훈이란 구성원들에 의해 공통적으로 수용되는 가치체계 또는 신념체계로서, 경영자가 기업경영에 대해 가지는 기본적인 가치, 태도, 신념이나 행동기준을 말한다. ( )

[정답] 1. (T)   2. (T)   3. (T)

[요점정리]

1. 기업윤리강령(code of business ethics)이란 기업에서 경영행위의 기준이 되는 일반적 가치체계, 윤리원칙 및 회사가 적용하고자 하는 특정의 규칙을 문서화한 형태로 기업에 따라서는 기업윤리강령을 '기업윤리규정', 또는 '기업행동헌장'으로 사용하기도 한다. 기업윤리강령의 목적은 기업이 지향하는 수준의 기업윤리의 높이를 정해놓고, 전체 구성원이 그 수준에 맞는

행동을 하도록 유도하는 데 있다.

2. 윤리강령의 제정절차는 아래와 같이 6단계를 거치며, 상당한
   시간을 두고 진행된다.
   ① 제1단계: 기업윤리강령제정위원회 구성
   ② 제2단계: 참고자료수집
   ③ 제3단계: 기업윤리강령 초안 작성
   ④ 제4단계: 회사 내 공청회
   ⑤ 제5단계: 종업원 행동준칙 작성
   ⑥ 제6단계: 기업윤리강령의 확정과 선포

3. 한국기업의 윤리경영 사례로 삼성전자와 국민은행을 알아보았다.

[용어정리]

① 기업윤리강령: 기업윤리강령(code of business ethics)이란 기업에
   서 경영행위의 기준이 되는 일반적 가치체계, 윤리원칙 및
   회사가 적용하고자 하는 특정의 규칙을 문서화한 형태이며
   기업에 따라서는 기업윤리강령을 '기업윤리규정', 또는 '기업
   행동헌장'으로 사용하기도 한다.

[참고문헌]

① 김성수, 『21세기 윤리경영론』, 삼영사, 2009.
② 김택, 『공기업 윤리경영』, 한국학술정보(주), 2010.
③ 심용아, 『재미있는 윤리경영 이야기』, 서울과학종합대학원.
④ 이관춘, 『윤리경영전략』, 학지사, 2009.
⑤ 이원재, 『전략적 윤리경영의 발전』, 삼성경제연구소, 2005.
⑥ 임태순, 『경영학원론』, 한국학술정보(주), 2010.
⑦ 임태순 외 2인, 『현대경영학의 개관』, 법문사, 2006.
⑧ 임태순 외 2인, 『현대경영학의 이해』, 법문사, 2002.
⑨ 허승호, 『윤리경영이 온다』, 동아일보사, 2004.
⑩ 삼성전사, SK(주), 국민은행, 한국남부발전(주) 홈페이지.
⑪ 동아일보, 2006년 10월 4일자 기사내용.

1. (영상물관람)
   "청렴이 국가경쟁력"이란 주제의 영상물을 통하여 부패에 대한 인식과 우리나라의 부패에 대한 인식, 현실 그리고 국제동향을 생각해 보는 시간을 갖는다.
2. 환경에서 대두되고 있는 그린라운드의 취지와 세부내용에 대해 알아본다.
3. 환경문제 중에서 공해문제에 대해 살펴보고, 공해를 줄이는 방법과 기업의 측면에서 대응하는 문제를 살펴본다.

제6장 환경문제와 기업윤리

1. 청렴(淸廉)이 국가경쟁력

☞ 함께 생각하기☜

[영상물관람] 청렴이 국가경쟁력이다.

□ 참고: 국가청렴위원회 영상물

1.1 영상물의 구성

① 우리나라 부패의 현주소
② 부패청산의 필요성
③ 반부패국제동향

1) 우리나라 부패의 현주소

① 국가경쟁력(2005): 국가경쟁력: 세계 11위 / 무역: 세계 11위
② 부패인식도(2005): 부패인식지수-세계 159개국 중 40위 / OECD 30개국 중 22위
③ 부패와 관련된 사고: IMF 경제체제 / 성수대교·삼풍백화점 붕괴, 씨랜드 참사

2) 부패청산의 필요성
국민소득과 청렴지수와의 관계
    －청렴지수 0~5: 국민소득 $3,800
    －청렴지수 5~7: 국민소득 $11,000
    －청렴지수 7~10: 국민소득 $33,000

3) 반부패국제동향(공직자)

① 미국
    －20$ 이상 선물수수 금지
    －연 50$ 초과 선물 수수 금지

② 일본
    －5천 엔 이상 접대 받으면 보고
    －전별금, 축의금 수수 금지

③ 대만

　－직위를 이용한 이득취득 금지

　－이를 어길 경우 5년 이하 징역

④ 싱가폴

　－새산형성과정을 실명하지 못하면 몰수

4) 부패국가의 과거와 현재

① 필리핀

　－60년대 우리나라의 2배에 해당하는 국민소득

　－2005년 기준 우리나라의 1/10 미만의 국민소득

② 아르헨티나

　－1차세계대전 후 부국

　－2005년 기준 우리나라의 1/4 국민소득

2. 환경윤리

2.1 환경라운드(GR: Green Round)

1) 그린라운드의 의미

① 개념

1992년 6월 브라질의 리우데자네이루에서 리우선언(그린라운드)

② 내용

환경보호문제를 다자간 협상에 의해 국제적으로 합의된 환경기준을 만든 다음 이에 미달하는 무역상품에 대해 제재를 가하자는 내용

2) 기본내용

① 정부의 환경관련 규제조치의 투명성 보장
② 제품의 생산방식 및 공정에 관한 규제기준
③ 환경보조금, 환경마크, 포장규제 등의 시행 기준
④ 환경비용차이의 상계관세부과

3) ISO 14000

① 기업의 환경경영체제를 평가하여 국제규격임을 인증하는 제도
② 포함내용: 제품의 개발, 생산, 유통, 폐기물처리의 전 과정을 대상

4) 그린라운드의 영향

〈표 6-1〉 그린라운드의 긍정적 영향과 부정적 영향

긍정적 영향	부정적 영향
① 환경관련 기술개발촉진 　(Reduce, Reuse, Recycle 기술개발) ② "환경경영관리" 방식 발달 　(제품계획에서 감사까지 환경개념도입) ③ 새로운 산업기회 발견	① 생산원가 증가 ② 원자재 확보의 어려움 　(산림자원, 해양자원보호) ③ 수출지장 　(ISO미달 시 수출 어려움)

2.2 환경문제의 유형

〈표 6-2〉 환경문제의 유형

지역	종류	내용
국내	대기오염	아황산가스, 일산화탄소, 질소산화물 등
	수질오염	각종 유기물질, 중금속
	폐기물	일반폐기물, 산업폐기물, 핵폐기물 등
	기타	토양오염, 해양오염, 자연환경파괴, 소음
국제	기후변화	탄산가스, 메탄, 질소산화물, 프레온 가스 등
	오존층 파괴	프레온, 할론 등
	산성비	아황산가스, 질소산화물 등
	기타	유기폐기물, 사막화, 황사, 산성비, 온난화

2.3 사례연구

1) 대기오염사례(런던스모그)

① 개요

1952년 12월 5일부터 9일까지 영국의 수도 런던에서 가정 난방용(60%), 공장, 발전소의 석탄 연료 사용에 따라 발생한 CO, 먼지, 아황산가스(SO_2)가 지표면에 축적되어 발생한 사건

② 피해

4,000여 명이 사망, 2개월 후 8,000여 명 과잉사망, 총 12,000여 명 사망, 전 연령층에 만성기관지염, 천식과 같은 호흡기 질환 발생

2) 대기오염사례(보팔사건)

① 개요

1984년 12월 인도의 중부지방 보팔시에서 미국의 다국적기업인 유니언 카바이드(Union Carbide)에서 농약제조의 원료로 사용되는 메칠이소시안(MIC: Methyl isocyanate)이라는 유독가스가 저장된 탱크가 누출

② 피해

2,800여 명의 인근 주민이 사망, 2개월 후 8,000여 명 과잉사망, 총 12,000명 사망, 총 20만 명 이상의 피해자 발생, 생존자의 대부분도 실명이나 호흡기 장애, 면역체계의 이상으로 고통

3) 수질오염사례(동해안)

① 개요
동해안에 구소련이 핵폐기물 투기

② 피해
엄청난 환경문제가 야기될 것으로 추정됨

3. 환경공해 영향과 기업의 대응

3.1 환경공해의 영향

1) 공해 줄이기

① Reduce: 낭비 없애기
② Reuse: 쓰던 물건 다시 쓰기
③ Recycle: 재활용

2) 쓰레기 분해 소요기간

〈표 6-3〉 쓰레기 분해 소요기간

품목	분해 시간	품목	분해 시간
종이 기저귀	500년 이상	알루미늄 캔	80~100년
칫솔	100년 이상	플라스틱 용기	50~80년
스티로폼 용기	50년 이상	나일론 천	30~40년
나무젓가락	20년 이상	담배 필터	10~12개월
가죽 구두	20~40년 이상	오렌지껍질	6개월
종이컵	20년 이상	종이	2~5개월
우유팩	5년		

3.2 기업차원의 환경개선 분야

〈표 6-4〉 환경개선 분야

개선 분야	구체적 내용
공해 방지	대기오염, 수질오염, 소음, 진동, 악취, 토질오염
폐기물 배출억제	폐기물 축소, 다시 사용하고, 재활용 처리
자연환경보호	공장신설관련 환경영향축소
용수에너지 효율화	용수, 전기사용 절약
지구환경대책	이산화탄소, 메탄배출억제
환경관리	전담부서 마련, 교육

3.3 사례연구: 대표적인 환경기업 유한 킴벌리

1) 개요

① 1970년 3월 미국의 킴벌리 클라크와 합작투자

② 1994년 4월 안양공장 '환경친화기업'으로 지정

③ 1999년 '에너지절약 우수 사업장' 선정

④ 2002년 '대통령 표창' 물류대상 단체장

2) 경영원칙

① 인간존중   ② 고객만족   ③ 사회공헌

④ 가치창조   ⑤ 혁신주도

3) 캠페인: "우리강산 푸르게 푸르게"

① 숲 가꾸기 기금조성
　　－2002년까지 총 43억 원 기탁

② 청소년 환경체험교육: 그린캠프
　　－1988년부터 여고생들 대상으로 '그린캠프' 개최
　　－2002년까지 2,165명 학생 배출

③ 신혼부부 나무심기 체험
　　－2002년까지 6,500쌍 참여 10만여 그루 묘목 심음

④ 숲에 관한 사이트 운영
　　－포리스트 코리아(http://www.forestkorea.org)
　　－숲에 관한 정보 제공

한진그룹, '나눔' 실은 '태극 날개' 세계를 누빈다[16]

조양호 한진그룹 회장은 평소 "나눔의 정신은 건강한 사회를 만드는 밑거름이다. 기업이 사회적 책임을 다할 수 있는 사회공헌 활동을 활발히 전개해 나가야 한다."며 "우리 사회는 기업의 책임과 공익성 실현을 강하게 요구하고 있으며 앞으로 고객과 사회로부터 존경받지 못하는 기업은 뿌리를 내릴 수 없다."는 소신을 갖고 있다.

한진의 주력 계열사인 대한항공은 이런 신념을 이어받아 다양한 분야에서 사회공헌 활동에 참여하고 있다.

대한항공이 펼치고 있는 사회공헌의 특징은 물류 전문 그룹의 특성을 살린 활동을 중심으로 글로벌 파트너십을 구축해 나가고 있다는 점이다.

국내·외 재해 발생 시 항공기를 이용해 응급 구호품을 수송하는 활동을 비롯해 지구 환경을 개선하는 '글로벌 플랜팅 프로젝트'를 진행 중이다. 또 세계 3대 박물관 한국어 안내서비스 제공 등 대한항공이 펼쳐가고 있는 사회공헌 활동은 다방면에서 이뤄지고 있다.

◆나눔 경영…9년간 6억 1,000만 원 지원

대한항공은 '사랑의 날개, 희망의 날개'라는 슬로건 아래 지역 사회와 더불어 함께하는 봉사, 적극적으로 실천하는 봉사, 세계 속의

---

16) 출처: 아주경제신문, 2009년 10월 21일자 기사내용.

사회공헌활동에 기여하는 봉사로 기업의 나눔 경영을 적극 실천하고 있다.

대한항공은 사회적인 책임을 성실하게 수행하는 존경받는 기업으로 거듭나기 위해 지난 2004년 총무부 내 사회봉사단을 설치했으며, 이를 중심으로 다양한 사회공헌 활동을 전개하고 있다.

전 임직원들이 1,000원 미만의 급여를 봉사활동비로 적립하는 '끝전 모으기' 활동에 참여하며 회사도 매칭그랜트 방식으로 동일한 금액을 기부하고 있다.

고니회, 승우회 등 다양한 직종과 지역에서 자발적으로 구성한 22개 사내 봉사단체는 정기적으로 어려운 이웃들을 위해 따뜻한 사랑의 봉사활동을 펼치고 있다. 소년소녀 가장 돕기, 독거노인 무료급식 행사, 불우어린이 초청 견학 행사 등의 활동도 하고 있다.

지난 17일 서울시 공항동 대한항공 본사에서 개최된 '하늘사랑 바자회'도 대한항공 사내 봉사단체의 불우이웃 돕기의 일환이다. 애장품들을 판매한 수익금을 어려운 이웃 및 복지기관에 전달한다.

또한 대한항공은 지난 2001년부터 국제 해비타트 운동의 무주택 서민을 위한 사랑의 집 짓기 운동에 참여해 올해까지 9년 동안 자원봉사 인원 225명, 재정지원 6억1,000만 원, 국제선항공권 42매 등을 지원했다.

또 2003년부터 매년 유방암 예방의 달인 10월에는 객실 여승무원들과 공항 여직원들이 유방암 예방 캠페인을 벌이고 있다.

이외에도 대한항공 항공의료센터 소속 의료진으로 구성된 의료봉사단은 외국인 근로자, 사회복지 시설 등 소외계층을 대상으로 인술(仁術)을 펼쳐가고 있다.

아울러 매년 여름에는 대한항공 직원들이 1사 1촌 자매결연을 맺고 있는 강원도 홍천군 명동리 마을을 찾아가 농번기 일손 돕기에 나서고 있다.

◆글로벌 문화 후원 활동…한국어 작품 안내 서비스

대한항공은 국내외에서 다양한 문화 후원 활동을 전개하고 있다. 우리말의 위상과 함께 국민적 자긍심을 높이기 위해 지난 2008년 2월 파리 루브르 박물관을 시작으로 세계 유명 박물관을 대상으로 한국어 작품 안내 서비스를 확대하고 있다.

루브르 박물관 한국어 안내 서비스는 대한항공이 루브르 박물관 작품안내 해설기기를 최신형 개인휴대단말(PDA)로 교체하는 것을 후원하면서 제공됐다. 이곳에서는 박물관 대표 600여 작품에 대해서 한국어 안내 서비스가 제공되고 있다.

지난 6월 29일부터는 매년 세계 각국에서 260만 명 이상이 찾는 러시아 최고의 문화적 명소인 러시아 상트페테르부르크 에르미타주 박물관에 한국어 작품 안내 서비스를 시작했다. 올해 12월에는 런던 대영박물관에도 이 같은 서비스를 실시해 명실공히 세계 3대 박물관에 한국어 작품 안내 서비스를 완성하였다.

세계 3대 박물관으로 꼽히는 루브르·대영·에르미타주를 방문하는 관람객은 매년 1,660만 명이 넘는다. 세계적인 명소에 자국어 안내 서비스가 제공되는 것은 해당 국가의 국력을 상징한다.

세계 3대 박물관을 찾는 우리나라 사람들은 대한항공 후원으로 이뤄진 한국어 안내서비스로 세계 문화유산을 감상하면서 한국인으로서 긍지를 느낄 수 있다.

대한항공은 한국어 위상을 세계적으로 드높인 공로를 인정받아 지난 2008년 5월 문화체육부 장관으로부터 감사패를 수상했다. 한국어 국위를 선양한 내용으로 기업이 정부로부터 감사패를 받은 것은 대한항공이 첫 사례다.

이외에도 대한항공은 훈민정음을 형상화한 래핑 항공기 운영, 제주 화산섬·용암동굴 유네스코 세계 자연유산 등새, 새해 선 사업장 복조리 걸기 운동 등 한국의 아름다운 자연과 문화를 해외에 알리기 위한 노력을 펼쳐가고 있다.

◆그린 경영… '글로벌 플랜팅 프로젝트'

대한항공은 우리의 생존을 위협하는 세계 환경문제에 앞장서서 대처하기 위해 나무를 심어 지구를 푸르게 가꾸는 '글로벌 플랜팅 프로젝트'(Global Planting Project)를 진행하고 있다.

대한항공의 국경을 초월한 그린 경영인 '글로벌 플랜팅 프로젝트'는 동북아시아 황사의 발원지인 중국·몽골 사막 지역과 세계의 대도시인 LA에서 진행되고 있다.

대한항공이 2004년부터 몽골 바가노르구 인근 사막에서 진행하고 있는 나무심기 봉사활동은 지구온난화 등의 영향으로 인해 사막화가 빠르게 진행되고 있는 이곳을 푸르게 가꾸기 위한 것이다. 2009년까지 총 5만㎡ 면적에 3만 6,500그루의 나무가 심어졌다.

지난 5월 19일 몽골 정부는 지난 5년 동안 자국에서 펼쳐온 나무 심기 봉사활동에 대해 감사의 뜻을 표하는 차원에서 대한항공에 '자연환경 최우수 훈장'을 수여하기도 했다.

중국 쿠부치 사막에서 펼치고 있는 나무 심기 활동은 지난 2007

년부터 매년 실시되고 있다. 이 사업은 오는 2011년까지 5년간 600만㎡ 면적에 180만 그루의 나무를 심는 것을 목표로 한다.

쿠부치 사막에 조성되고 있는 '대한항공 녹색 생태원'은 중국으로부터 불어오는 황사를 줄이는 한편 한·중 양국 우호증진에도 큰 역할을 할 전망이다.

한편 대한항공은 올해부터 미주노선 핵심지역이며, 한국 교민이 가장 많이 거주하는 LA 도심을 푸르게 가꾸는 봉사활동도 실시하고 있다.

대한항공은 100만 그루 나무 심기 운동을 벌이고 있는 MTLA(Million Trees Los Angeles) 재단에 4년간 매년 4만 달러씩 총 16만 달러를 기부하는 협약을 맺었다.

지난 3월 31일에는 LA 한인타운이 위치한 월셔가 리치 중학교와 인근 거리에서 조양호 한진그룹 회장, 안토니오 빌라라이고사(Antonio R. Villaraigosa) LA 시장 등이 참석한 가운데 LA 나무심기 후원을 시작하는 행사를 갖기도 했다.

[퀴즈문제]

* 아래의 내용이 맞으면 T, 틀리면 F를 빈칸에 넣어 주세요.

1. 국민소득과 청렴지수와는 깊은 관계를 나타내고 있다. 즉 청렴지
   수가 높을수록 국민소득이 증가하는 양상을 보이고 있나. (   )

2. 그린라운드는 환경보호문제를 다자간 협상에 의해 국제적으로
   합의된 환경기준을 만든 다음 이에 미달하는 무역상품에 대해
   제재를 가하자는 내용이 담겨 있다. (   )

3. 환경공해를 줄이는 방책으로는 ① Reduce, ② Reuse, ③ Recycle
   등을 들 수 있다. (   )

[정답] 1. (T)   2. (T)   3. (T)

[요점정리]

1. 우리나라의 국가경쟁력 및 무역과 관련된 외형적인 경쟁력과
   비교하여 부패인식도는 뒤처지는 모양을 나타내고 있다.
   * 국가경쟁력: 세계 11위
   * 무역: 세계 11위
   * 부패인식도: 세계 159개국 중 40위 / OECD 30개국 중 22위
     국민소득과 청렴지수와는 깊은 관계를 나타내고 있다. 즉

청렴지수가 높을수록 국민소득이 증가하는 양상을 보이고
있다.

2. 그린라운드는 1992년 6월 브라질의 리우데자네이루에서 리우
   선언(그린라운드)에서 나온 것으로 내용으로는 환경보호문제
   를 다자간 협상에 의해 국제적으로 합의된 환경기준을 만든
   다음 이에 미달하는 무역상품에 대해 제재를 가하자는 내용이
   담겨 있다.

3. 환경공해를 줄이는 방책으로는 ① Reduce(낭비 없애기),
   ② Reuse(쓰던 물건 다시 쓰기, ③ Recycle(재활용)을 들 수 있다.

[용어정리]

① 그린라운드: 환경보호문제를 다자간 협상에 의해 국제적으로
   합의된 환경기준을 만든 것으로서 이에 미달하는 무역상품에
   대해 제재를 가하자는 내용이 포함되어 있다.
② ISO 14000: 기업의 환경경영체제를 평가하여 국제규격임을
   인증하는 제도로 포함하는 내용은 제품의 개발, 생산, 유통,
   폐기물처리의 전 과정을 대상으로 한다.

[참고문헌]

① 김성수, 『21세기 윤리경영론』, 삼영사, 2009.
② 김택, 『공기업 윤리경영』, 한국학술정보(주), 2010.
③ 심용아, 『재미있는 윤리경영 이야기』, 서울과학종합대학원.
④ 이관춘, 『윤리경영전략』, 학지사, 2009.
⑤ 이원재, 『전략적 윤리경영의 발전』, 삼성경제연구소, 2005.
⑥ 임태순, 『경영학원론』, 한국학술정보(주), 2010.
⑦ 임태순 외 2인, 『현대경영학의 개관』, 법문사, 2006.
⑧ 임태순 외 2인, 『현대경영학의 이해』, 법문사, 2002.
⑨ 허승호, 『윤리경영이 온다』, 동아일보사, 2004.
⑩ 국가청렴위원회 홍보영상물(2005년).
⑪ 유한킴벌리 홈페이지, http://www.forestkorea.org
⑫ 아주경제신문, 2009년 10월 21일자 기사.

Part 3

경영의 관리활동과 윤리

■ 제7장 인적자원관리와 윤리
■ 제8장 재무관리와 윤리
■ 제9장 생산관리와 윤리
■ 제10장 마케팅과 윤리

1. 인적자원관리와 윤리적 인적자원관리의 차이점을 인식하고 사회환경 변화에 따른 윤리적 인적자원관리의 대두에 대해 공부할 시간을 갖는다.
2. 윤리적 인적자원관리의 중요성과 원칙에 대해 살펴본다.
3. 종업원의 권리와 의무에 대해 살펴본다.

제7장 인적자원관리와 윤리

1. 인적자원관리와 윤리적 인적자원관리

☞ 함께 생각하기 ☜

인사관리와 노무관리의 차이점은?

과거 우리나라의 경우,

인사관리는 사무직, 관리직인 화이트칼라를 대상

노무관리는 육체노동을 제공하는 기능직 블루칼라를 대상

1.1 인적자원관리와 윤리적 인적자원관리

1) 인적자원관리

인적자원관리(Human Resource Management)는 기업경영에서 요구되는 인적자원을 조달·확보하고, 유지·개발하며, 유능한 인재의 적재적소 배치를 통하여 유효한 노동력의 활용과 노동의욕의 만족을 도모하기 위한 계획적인 관리활동으로 지식경영의 한 과정이다.

2) 윤리적 인적자원관리의 핵심 영역(지식기반사회에서 생산성 +
   윤리성)

① 채용과 배치 · 승진관리   ② 직무평가와 인사고과
③ 교육훈련관리   ④ 취업관리
⑤ 임금 · 보상관리   ⑥ 복지후생관리
⑦ 징계와 해고관리   ⑧ 인간관계관리
⑨ 노사관계관리

3) 윤리적 인적자원관리에 대한 이해

(1) 배경

① 지식사회의 도래와 함께 지식근로자의 출현은 기업경영의 프
   로세스 자체를 재검토하게 하였으며, 새로운 인적자원관리의
   필요성이 요청되었다.
② 지식경영 및 지식기반사회에서 인적자원관리는 기존의 인적자
   원관리(선발, 교육, 배치, 직무분석, 인사고과, 면접, 승진) 등과
   같은 생산성 중심에서 윤리성(관리자와 노동조합과의 관계, 단
   체교섭 등)이 포함되는 방향으로 이동하는 모습을 보인다.

(2) 출발

① 윤리적 인적자원관리는 조직을 하나의 사회공동체로 인식하

는 데서 출발

② 과거조직 vs. 오늘날의 조직

<표 7-1> 과거조직 vs. 오늘날의 조직

과거 조직	오늘날의 조직
하나의 경제적 이익창출 수단	조직은 사회공동체라는 울타리 속에서 사회를 이루는 공생적 관계
사회적 책임보다 경제적 이윤창출	경제적 기능 + 사회적 목표 동시 추구
종업원은 근로대가인 임금이 기본적인 생계를 위한 도구	노동은 사회적 삶을 추구하는 일(경제적 삶과 사회적 삶이 윤택해야)
경제적 이윤추구 & 업무활동수행	근로자 직업생활의 질 향상 추구

2. 윤리적 인적자원관리

☞ 함께 생각하기 ☜

직업윤리의식[17]

"21세기 한국인의 직업의식과 직업윤리" 심포지엄

(2006년 3월~4월, 18~64세 8,700명 대상, 직업능력개발원)

☐ 참고: "직업윤리 국회의원 꼴찌", 프로운동선수 1위

1위: 프로야구선수   2위: 대학교수

3위: 의사   4위: 초등학교 교사

5위: 법조인   6위: 직업군인

7위: 시민사회운동가   8위: 언론인

---

17) 출처: 한국경제신문, 2006년 10월 18일 기사내용에서 발췌.

9위: 기업경영자　　　10위: 연예인

11위: 고위공무원　　　12위: 노조간부

13위: 하위직 공무원　　14위: 공장근로자

15위: 택시운전기사　　16위: 시의회의원

17위: 국회의원

2.1 윤리적 인적자원관리의 중요성

1) 인적자원관리의 기본정책

① 전통적 공리주의에서 의무론으로

〈표 7-2〉 공리주의에서 의무론으로

공리주의	의무론
기업의 목적은 이익 극대화이다.	기업은 사회에 공헌해야 한다.
종업원은 목적을 위한 수단이다.	종업원의 자기실현과 기업목적이 조화되어야 한다.
합법적이면 O.K	합법 이상의 의무적 사고

② 종업원을 수단으로 보지 말고 목적으로 보는 인사정책이 요망
- 종업원의 인권인정
- 종업원의 권리와 의무를 이해
- 내부고발을 제도화
- 윤리적 인적자원관리정책 강구

2) 윤리적 인적자원관리의 구성

① 정확한 직무분석
② 공정한 선발과 배치: 근로자의 합리적 채용기준, 적재적소 배치
③ 차별이 없는 철저한 교육훈련
④ 공정한 직무평가
⑤ 공정하고 합리적인 인사고과
⑥ 재해 없는 안전계획

3) 윤리적 인적자원관리의 원칙

① 전인주의 원칙: 근로자의 동기부여를 할 수 있는 인사원칙
② 공정의 원칙
③ 업적 및 능력주의 원칙
④ 정보공개주의원칙
⑤ 참가주의 원칙: 의사결정과정에 참여시킴

2.2 윤리적 인적자원관리로의 환경변화

1) 환경변화

① 노동력 변화
   - 여성 고용인 증가
   - 맞벌이 부부로 인한 취업여성 증가
   - 노동력의 교육수준 상향

② 개인가치관의 변화

　　－직업윤리 가치관 증가

　　－지각 및 결근 , 태업감소

　　－이직률 감소 등

③ 생산성 및 인간의 삶의 변화

　　－국민소득 증가에 따른 3D 기피업종 증가

　　－신규 노동력 유입

④ 윤리적 인적자원관리 특징 출현

　　－학력철폐, 경력 중시

　　－조직과 개인의 조화

　　－무파업의 노사관계 정립

2.3. 종업원의 권리와 의무

1) 종업원의 권리

① 평등한 계약과 일할 권리: 종업원은 본인의지와 상관없이 기업의 경제적 이유(불황, 감원, 폐업 등) 및 비능률이나 무능으로 인한 해고가 발생하면 구성원의 사기 및 충성심에 부정적 영향이 발생 ⇨ 경영자는 상당한 시간적 여유를 두고 통지

② 정당한 보상을 받을 권리

　　－기업주와 종업원: 위험감수와 능력에 의한 평등

　　－종업원 간 급여:

③ 사생활을 보호받을 권리

　　－퇴근 이후: 반사회적, 파괴적이 아니면 자유롭게

　　－근무 중: 직무와 관련되지 아니하면 개인신상 정보 비공개,
　　　사물함, 인사기록자료 비공개

　　－직장 내 성희롱: 성희롱은 '신체적 접촉, 언어적 표현 및 그
　　　림으로 제시' ⇨ 사업주는 교육·홍보 및 제도적 장치 마련
　　　⇨ 가해자 처벌, 피해자 불이익 없게 해야

④ 안전한 작업장을 요구할 권리

　　－작업환경이 건강에 미치는 정확한 정보 제공

　　－위험 정도에 따라 위험수당 지급

⑤ 근로생활의 질(QWL: Quality of Working Life) 향상에 대한 권리

　　－노동계약(경영자 위주의 사고방식)이 아닌 QWL(종업원 위
　　　주의 사고방식)

⑥ 외부활동을 할 권리

2) 종업원의 의무

① 충성의무: 종업원은 회사에 충성할 의무가 있다.
  - 피동적 충성: 상사가 명령하는 대로 복종
  - 자발적 충성: 회사가 손해가 될 것이라고 판단되는 종업원
    이 취하는 의무

② 복종의무: 상사명령에 복종하나 아래의 경우는 제외된다.
  - 직무와 관련 없는 명령(개인 심부름)
  - 비윤리적 행위(허위광고)
  - 불법행위(마약거래, 탈세용 장부 작성)

③ 영업비밀보호의무
  - 특별한 보안조치를 하고 있는 정보
  - 상당한 비용과 시간과 노력을 투입하여 개발한 정보
  - 자사의 경쟁적 지위에 영향을 미치는 정보

④ 회사의 이익을 해치지 않을 의무

⑤ 산업평화를 위한 노사화합의 의무

2.4 내부고발자(양심선언자, 공익신고제)의 논의

1) 내부고발(Whistle—blowing)의 어원
내부고발이란 기업활동이 비윤리적이거나 사회적으로 위해하다

고 판단될 때 기업 내의 현직 종업원이 직속상사를 뛰어넘어 윗사람에게 보고(내부고발)하거나 대외적으로 그 정보를 알리는 행위(외부고발)를 말한다.

2) 이론적 근거

① 반대견해
러세(GM 회장): 내부자 고발은 반역행위이고 기업활동에 불신과 불화를 일으켜 자유시장제도를 파괴하는 행위

② 찬성견해
네이더(소비자운동가): 기업의 사회적 책임을 증대시키기 위해 내부자 고발은 보호받아야 하고 장려되어야 한다.

3) 내부고발의 순기능

① 국민의 알 권리 보장
② 부정부패의 통제(음해성 고발 방지를 위하여 정당성 확보가
   선행되어야 한다)
③ 내부인에 의한 외부공개로 행정통제가 가능

4) 내부고발의 저해요인

① 구조적 부패의 존재

② 조직우선의 조직윤리와 권위주의적 문화

③ 내집단 성향의 조직문화

④ 정과 의리를 중시하는 풍토

⑤ 고발자에 대한 보복상존

'노블레스 오블리주' 몸으로 실천하다

최신원 SKC 회장의 상사정신(商士精神)과 극기복례(克己復禮)[18]

최신원 SKC 회장이 <포브스> 아시아판이 신징한 '기부영웅' 중 한 명으로 뽑혀 화제다. '뇌물수수'와 '성상납' 파문 등으로 흉흉한 상황인지라 그의 미담이 더욱 돋보인다. 선정의 배경은 장학재단 설립과 자원봉사 등 소위 '노블레스 오블리주' 행보를 30년 가까이 묵묵히 실천해온 데 있다.

오사카 상인들이 만든 '상사' 개념

상인의 '노블레스 오블리주'는 일찍이 북학파(北學派)의 비조인 박지원이 언급한 바 있다. 그는 조선이 궁색을 면치 못하고 백성이 누추한 삶을 영위하는 것은 이용후생(利用厚生)을 천시하는 조정 관료와 사대부들의 무지에서 비롯했다고 질타하면서 속히 상업에 종사해 재부를 쌓을 것을 촉구한 바 있다. 양반 중에서도 문사(文士)만 '노블레스 오블리주'의 주역으로 간주하던 당

---

18) 출처: 주간경향, 2009년 4월 21일자 기사내용.

시 상황에서 이는 일종의 혁명선언에 가까웠다.

그러나 일본의 오사카 상인들은 이미 <논어> 등의 고전을 익히며 상도(商道)를 실천하다가 메이지유신의 분위기가 무르익자 거사자금을 대주어 이를 성사시킨 후 무사(武士)와 더불어 '노블레스 오블리주'의 주역이 된 바 있다. 일본에서는 이때부터 상인이 사인(士人)의 역할을 행하는 소위 '상사(商士)' 개념이 만들어졌다. 조선의 '문사'들이 존망지추(存亡之秋)의 중차대한 시기에 '농공상'은 말할 것도 없고 '무사'까지 천시하면서 위정척사파(衛正斥邪派)와 개화파(開化派)로 나뉘어 격렬히 다투다가 패망을 자초한 것과 대조되는 대목이다.

'숭문(崇文)'의 기조하에 '천상(賤商)'과 '천무(賤武)'로 나아갈 경우 '부국강병'은 요원해질 수밖에 없다. '강병'은 '부국', '부국'은 '상사' 개념이 전제되어야만 가능하다. 우리나라에서 '상사' 개념이 등장하기 시작한 것은 극히 최근의 일이다. 한국 정치를 전공한 김학준 전 서울대 교수는 제3공화국 이후의 일로 보고 있다.

"박정희는 '농업국가'에서 '상업국가' 즉 '무역국가'로 대전환을 이뤄 대한민국을 훌륭케 한 주인공이다. 장사하는 사람을 제일 낮춰 본 '사농공상'의 시대에 그의 '상업국가론'은 혁명에 해당했다."

사실 5·16 이전까지만 해도 전국 각지에 소작인과 머슴이 대거 존재했다. 뉴라이트계 학자들은 제3공화국의 등장을 긍정 평가하면서도 생뚱맞게 '식민지근대화론'을 펼치고 있다. 이들은 일제가 왜 일본에는 존재하지 않는 '양반과 머슴' 및 '지주와 소작인'의 낡은 틀을 온존시켰는지 간과하고 있다는 비판을 면하기 어렵다. 제2공화국이 그대로 존속했을지라도 산업화를 능히 이룰 수 있었다고 보는 학자들 역시 민주당 정권의 주역이 대부분 지주 출신이라는 사실을 간과하고 있다. 유신독재에 지나치게 주목한 나머지 수백 년 동안 질곡으로 작용했던 빈곤의 사슬을 끊어낸 그의 치적을 도외시하는 것은 잘못이다.

배링턴 무어가 『민주주의와 독재의 사회적 기원』에서 갈파했듯이 땅을 매개로 얽혀 있는 낡은 생산양식을 혁파하시 않고는 영원히 빈국의 수렁에서 벗어날 길이 없다. 남미와 필리핀 등이 식민지 유산인 플랜테이션을 기반으로 한때 번영을 구가했다가 이내 후진국으로 전락한 게 그 증거다. 산업화와 통상무역화로 상징되는 공상(工商)의 발전을 추구하지 않은 채 중농주의에 함몰된 후과다.

원래 동양은 이미 수천 년 전에 '상사'가 등장할 수 있는 계기가 있었다. '사농공상'의 신분질서는 춘추시대 말기까지만 해도 '사'와 '농공상'으로 엄격히 분리되었으나 전국시대에 들어와 증산(增産)이 강조되면서 '농'이 '사'의 위치로 격상돼 '사농'을 하나로 묶어 보는 분위기가 형성되었다. 그러다가 전국시대 말기에 이르러서는 '상'이 '사'의 우두머리인 정승의 반열에 오르는 일이 가능해졌다. 대표적인 인물이 여불위(呂不韋)다.

그는 국경을 넘나드는 교역으로 막대한 재산을 모은 뒤 이를 토대로 최강국인 진나라의 정승이 되었다. 단 한 글자라도 잘못이 있으면 천금을 내겠다고 선언해 소위 '일자천금(一字千金)'의 고사를 만들어낸 <여씨춘추>의 출현은 본격적인 '상사시대'의 개막을 예고한 것이었다. 문객들을 시켜 천하의 모든 지식을 집약시켜 놓았다고 자부한 <여씨춘추>는 세계 최초의 백과전서에 해당한다. 이는 상업이 국부(國富)와 병강(兵强)을 좌우하는 시대가 되었음을 뜻했다.

그러나 상업을 천시하는 춘추시대 이래의 전통이 사라진 것은 아니었다. 대표적인 인물이 맹자였다. <맹자-공손추 하편>의 해당 대목이다.

> "옛날의 교역은 자신이 갖고 있는 물건을 시장으로 갖고 와 갖고 있지 않은 물건과 바꾸기 위한 것이었다. 그런데 한 천장부(賤丈夫)가 문득 나타나 농단(壟斷·사방이 훤히 보이는 높은 곳)에서 좌우를 둘러보며 시장의 이익을 그물질하듯 거둬가 버리기 시작했다. 상인에게 세금을 징수한 것은 바로 이 '천장부'에서 시작된 것이다."

본인 이어 아들까지 해병대 입대

원하는 바대로 일을 멋대로 처리한다는 뜻의 '농단'은 여기서 나왔다. 이 일화는 전국시대에 열국의 상인들이 국경을 오가며 교역으로 막대한 자본을 축적했고, 열국은 이들에게 세금을 매겨 전비(戰費)를 충당한 역사적 사실을 담고 있다. 맹자가 '천장부'라는 감

정적 표현을 사용한 것은 중상주의자들에 대한 중농주의자들의 격한 심경을 반영한 것이었다.

불행하게도 동양은 이후 한무제의 '독존유술(獨尊儒術)' 선포로 유학이 유일한 관학으로 자리 잡으면서 다시 상업을 천시하는 퇴행적인 전통으로 회귀하고 말았다. 남송대에 성리학이 성립하면서 이런 경향은 더욱 강화되었다. 이에 사대부들은 '문사'가 되기 위해 평생 과거시험에 매달리거나 『삼국지』에 나오는 제갈량처럼 자급자족 차원의 농사를 지으면서 지은(知恩)을 베풀어 줄 주군이 나타날 때까지 독서하며 소일하는 게 관행이 되었다. 관우처럼 소금장수를 하거나 장비처럼 개고기 장사를 하다가 당대의 '무사'로 입신한 경우도 있으나 이는 난세에만 나타나는 특이한 현상에 불과했다.

그럼에도 중국에서는 '부국강병'과 동떨어진 '숭문천상'의 풍조가 청대 말까지 유지되었다. 조선은 한 술 더 떠 '천무'의 풍조까지 곁들여지면서 '빈국약병(貧國弱兵)'을 자초하고 말았다. 메이지유신 이후 '부국강병'을 이룬 일제에 총 한번 제대로 쏘아보지도 못한 채 나라를 통째로 빼앗긴 배경이 여기에 있다. 프랑스혁명 이후 부상(富商)을 중심으로 한 부르주아가 귀족을 대신해 '노블레스 오블리주'의 주역으로 등장하며 세계를 제패한 서양과 대비되는 대목이다.

그의 '상사' 행보는 해병대를 자원입대한 전력과 무관치 않은 듯하다. '영원한 해병'을 자처하는 그는 지난해에 외아들도 해병대에 입대시켰다. 종제(從弟)인 최태원 SK그룹 회장이 체중과다로 병역을 면제받은 것과 대비된다. 수시로 군부대와 경찰서를 방문해 격려를 아끼지 않고 있는 행보에 비춰 그의 미담도 이런 애국심에서 나온 게 확실하다.

20여 년 넘도록 노사분규 없어

그가 생각하는 리더십의 요체는 해병대의 혹독한 훈련을 통해 체득한 '극기(克己)'다. 이는 노사가 한 몸이 되어 '흥업보국(興業報國)'을 기치로 내걸고 새로운 성장 동력을 쉼 없이 찾아나가는 모습으로 발현되고 있다. 노조 설립 후 20여 년이 넘도록 단 한 차례의 노사분규도 일어나지 않고, 경제난국을 타개하기 위해 노사 모두 임금을 동결하며 상여금을 반납하는 등 2인3각 행보를 보이는 게 그 증거다.

임직원들은 그의 리더십을 '해병대CEO 리더십'이라고 부르고 있다. 신속하면서도 과감한 결단력, 불퇴전의 추진력, 전우애의 협동정신 등을 칭송한 것이다. 이는 공자가 <논어-안연편>에서 역설한 '극기복례(克己復禮)'와 맥을 같이한다.

"인(仁)은 '극기복례'로 이룰 수 있다. 하루 만이라도 '극기복례'하면 천하가 '인'으로 돌아갈 수 있다."

극(克)은 극복, 기(己)는 사욕, 복(復)은 복귀, 예(禮)는 자기절제의 리더십을 뜻한다. '극기복례'는 <춘추좌전-노소공 12년>조에 처음 나온다. 당시 초영왕(楚靈王)이 전횡하다가 신하들에 의해 쫓겨나 객사하자 공자가 이같이 평했다.

"초영왕이 극기복례를 행했다면 어찌 그런 치욕을 당했을 리 있겠는가."

그의 리더십은 위정자의 자기절제를 통한 지극한 통치를 뜻하는

'극기복례 리더십'에 해당한다. 그는 '극기'의 효용을 이같이 설명하고 있다.

"극한 고난 속에서 자기 자신을 이기는 것이 진정한 승리다."

'극기복례'의 요체를 꿰뚫고 있는 셈이다. 그의 '극기복례 리더십'을 배움직하다.

[퀴즈문제]

* 아래의 내용이 맞으면 T, 틀리면 F를 빈칸에 넣어 주세요.

1. 내부고발이란 기업활동이 비윤리적이거나 사회적으로 위해하다고 판단될 때 기업 내의 현직 종업원이 직속상사를 뛰어넘어 윗사람에게 보고(내부고발)하거나 대외적으로 그 정보를 알리는 행위(외부고발)를 말한다. (   )

2. 윤리적 인적자원의 기본정책은 전통적 공리주의에서 의무론으로 변화되는 것이다. (   )

3. 인사관리는 주로 사무직, 관리직인 화이트칼라를 대상으로, 노무관리는 육체노동을 제공하는 기능직 블루칼라를 대상으로 한다. (   )

[정답] 1. (T) 2. (T) 3. (T)

[요점정리]

1. 윤리적 인적자원관리에 대한 이해
① 지식사회의 도래로 새로운 인적자원관리의 필요성이 요청
② 생산성 중심에서 윤리성이 포함되는 방향으로 이동
③ 윤리적 인적자원관리는 조직을 하나의 사회공동체로 인식하는 데서 출발

2. 인적자원관리의 기본정책
① 전통적 공리주의에서 의무론으로
② 종업원을 수단으로 보지 말고 목적으로 보는 인사정책이 요망
　－종업원의 인권인정
　－종업원의 권리와 의무를 이해
　－내부고발을 제도화
　－윤리적 인적자원관리정책 강구

3. 종업원의 권리
① 평등한 계약과 일할 권리
② 정당한 보상을 받을 권리
③ 사생활을 보호받을 권리
④ 안전한 작업장을 요구할 권리
⑤ 근로생활의 질(WQL: Quality of Working Life) 향상에 대한 권리
⑥ 외부활동을 할 권리

4. 종업원의 의무

① 충성의무

② 복종의무

③ 영업비밀보호의무

④ 회사의 이익을 해치지 않을 의무

⑤ 산업평화를 위한 노사화합의 의무

[용어정리]

① 내부고발(Whistle-blowing)의 어원: 내부고발이란 기업활동이 비
   윤리적이거나 사회적으로 위해하다고 판단될 때 기업 내의 현
   직 종업원이 직속상사를 뛰어넘어 윗사람에게 보고(내부고발)
   하거나 대외적으로 그 정보를 알리는 행위(외부고발)를 말한다.

② QWL(Quality of Working Life): 근로생활의 질

[참고문헌]

① 김성수, 『21세기 윤리경영론』, 삼영사, 2009.

② 김택, 『공기업 윤리경영』, 한국학술정보(주), 2010.

③ 심용아, 『재미있는 윤리경영 이야기』, 서울과학종합대학원.

④ 이관춘, 『윤리경영전략』, 학지사, 2009.

⑤ 이원재, 『전략적 윤리경영의 발전』, 삼성경제연구소, 2005.

⑥ 임태순, 『경영학원론』, 한국학술정보(주), 2010.

⑦ 임태순 외 2인, 『현대경영학의 개관』, 법문사, 2006.

⑧ 임태순 외 2인, 『현대경영학의 이해』, 법문사, 2002.

⑨ 허승호, 『윤리경영이 온다』, 동아일보사, 2004.

⑩ 한국경제신문, 2006년 10월 18일 기사내용에서 발췌.

⑪ 주간경향, 2009년 4월 21일자 기사내용.

학습목표

1. 재무관리와 윤리적 재무관리에 대해 공부할 시간을 갖는다.
2. 기업의 자금조달과 관련된 윤리적 재무관리에 대해 살펴본다.
3. 기업의 소유구조와 관련된 윤리적 재무관리에 대해 공부해 보고 사례를 통하여 이해를 도모한다.

제8장 재무관리와 윤리

1. 윤리적 재무관리의 본질

☞ 함께 생각하기 ☜

증권시장과 레몬시장(lemon market) 이야기-'정보의 불균형'

"중고자동차의 성능을 알릴 수 없는 상황에서 모든 중고차가 시장평균가격에 팔리기 때문에 평균보다 좋은 성능의 중고자동차는 시장에서 철수되고, 평균보다 나쁜 성능의 자동차는 시장에 유입되어 결국 제일 나쁜 성능의 중고차만 시장에 남을 것이다."

1.1 재무관리

1) 재무관리의 의의
재무관리(financial management)란 기업에서 필요로 하는 자금의 효율적인 관리와 관계된 일체의 업무를 의미한다.

① 좁은 의미: 기업의 재무활동에 국한하여 관리하는 활동
② 넓은 의미: 기업의 재무적인 활동의 무대가 되는 시장, 즉 금융시장과 자본시장까지를 포함하여 의미하며, 핵심영역인 기업재무뿐만 아니라 투자론, 증권시장, 금융시장, 금융제도론까지를 포함하는 의미를 갖는다.

2) 재무관리의 영역(CFO의 역할)

① 기업가치의 극대화를 위하여 기업이 보유한 여유자금 또는 차입한 자금을 효율적으로 운영하여 보다 많은 투자 수익률을 얻기 위한 투자결정(investment decision)
② 기업이 필요로 하는 자본은 어떻게 충당할 것인가 하는 의사결정의 문제인 자금조달결정(financing decision)
③ 기업에서 영업활동의 결과 창출된 순이익 중 얼마를 주주들에게 배당하고 기업에 유보할 것인가 하는 배당결정(dividend decision)

3) 재무관리의 목표[19]

재무관리의 목표는 기업의 목표와 동일한 방향성을 유지해야 한다. 즉 기업 추구하는 목표와 같은 방향성을 가져야 하기 때문에 재무관리의 목표는 기업의 가치 극대화 또는 주주들의 부의 극대화와 일치하여야 한다. 즉, 기업의 이익극대화(profit maximization)의 개념에서 벗어나서 이익보다는 가치를 우선하는 기업가치의 극대화(corporate's value maximization), 또는 주주들의 부의 극대화(stockholder's value maximization)에 기업의 목표를 두고 있다.

---

19) 임태순, 『재무관리』, 한국학술정보(주), 2011, p.22.

1.2 윤리적 재무관리

1) 윤리적 재무관리의 영역

① 기업의 자금조달과 관련된 윤리문제
② 기업의 소유구조에 관련된 윤리문제

2) 윤리적 재무관리의 목표

① 주주에 대한 부의 극대화
② 기업의 사회적 책임

2. 기업의 자금조달과 윤리문제

☞ 질의사항 ☜

증권시장과 레몬시장(lemon market) 이야기-'정보의 불균형'

"중고자동차의 성능을 알릴 수 없는 상황에서 모든 중고차가 시장평균가격에 팔리기 때문에 평균보다 좋은 성능의 중고자동차는 시장에서 철수되고, 평균보다 나쁜 성능의 자동차는 시장에 유입되어 결국 제일 나쁜 성능의 중고차만 시장에 남을 것이다."

재무관리와 관련된 기업윤리의 문제로 생각되는 영역은?

① 자금의 조달과 운용에 관련된 윤리(이해관계인의 이해상충)

② 기업과 투자와 관련된 금융기관의 윤리
③ 정부와 기업, 그리고 금융기관 간의 윤리

☞ 함께 생각하기 ☜

사회적 책임투자(SRI): 지배구조펀드
일명 "장하성 펀드"의 대한화섬 주식 매집

한국 기업의 주가수익비율이나 주가순자산비율은 동종 산업의 외국 기업보다 낮게 평가받고 있는데 이는 지배구조 불투명성으로 인해 나타나는 '코리아 디스카운트'로 해석했다. 일례로 "대한화섬은 회사가치에 비해 주가가 너무 낮고, 순자산가치의 5분의 1밖에 되지 않는다."고 주장하면서 "회사가 자산은 많지만 지배구조상의 문제로 인해 경영이 제대로 이뤄지지 못하고 있다."고 지적했다.

"투자문화에 새로운 바람으로 SRI 펀드 관심 증대"

2.1 기업공개

1) 기업공개의 개념
기업공개란 주식의 대중분산을 의미한다. 즉, 증권거래법에 의하여 주식회사가 발행한 주식을 공모에 의하여 일반투자자에게 공개하거나, 대주주의 주식을 일반 투자자에게 분산하는 것을 의미한다.

2) 기업공개 시의 윤리문제

① 공개 전 증자남발: 기업공개 전에 과도한 증자(유상증가와 무상증자)를 남발하는 경우에는 공개 후의 새로운 주주의 이익을 기존주주들에게 이전시키는 문제가 발생한다. 즉, 기존주주들의 시세차익의 이익이 발생한다.

② 공개 후 발행가 과대산정문제: 기업의 공개 시 적정한 공모가격산정을 해야 함에도 불구하고 과대산정하여 청약자에게 손실, 주간사에게 재무적 타격 및 신뢰성 하락을 줄 수 있다.

2.2 기업내용공시

1) 기업내용공시의 개념

기업내용공시(corporate disclosure)란 기업의 이해관계자와 투자자가 투자판단에 필요한 기업내용과 관련된 정보를 신속하고 정확하게 투자자에게 알리는 것을 말한다.

2) 기업내용공시의 윤리문제

① 나쁜 정보의 공시회피: 기업의 경영자는 기업비밀의 유출과 경쟁상의 불이익 등을 염려하여 자발적인 공시를 유보하는 경우가 많다.

② 공시정보의 신뢰성: 중요한 정보를 은폐하거나 거짓정보를 유포하는 행위

③ 공시지연의 가능성: 공시지연으로 인하여 정보의 불균형 (information asymmetry)을 초래하여 주가의 왜곡현상을 부추길 수 있다.

2.3 내부자 거래

1) 내부자 거래(insider trade)의 개념

내부자 거래란 기업내부의 인사가 증권에 영향을 줄 수 있는 직무와 관련된 고급정보를 이용하여 부당하게 증권을 거래함으로써 부당이득을 취득하는 경우를 의미한다.

2) 내부자 거래의 윤리문제

① 내부자 거래는 정보의 공유성을 해침으로서 증권시장에 대한 신뢰성을 실추시킨다.
② 내부자 거래는 불특정 다수에게 광범위한 피해를 준다.
③ 내부자 거래는 공정거래를 저해한다.

* 내부자 거래의 역설성: 정확한 균형가격 형성에 도움이 된다.

3. 기업의 소유구조와 윤리문제

3.1 기업소유구조의 의의

1) 기업소유구조의 개념

기업소유구조는 소유와 경영의 분리로서 소유경영자의 지배주주와 채권자, 일반주주의 비율구조를 의미한다.

① 선진국: 전문경영자 경영능력과 경험을 최대한 활용
② 한국: 지배주주인 개인이 최고경영자 소유와 경영이 결합된 형태

2) 기업소유구조의 윤리적 문제

① 미국: 경영자의 사적소비문제
② 한국: 지배주주의 사적소비 문제

* 사적소비의 문제해결
① 자본시장, 경영자 노동시장, 재화시장 등이 감시기능 수행
② 한국의 현실
　　－자본시장의 비효율성
　　－경영자 노동시장의 경우 소수 경영자 존재
　　－대기업들이 독과점상태에서 경영

3) 이전거래, 상호출자, 상호지급보증문제

① 상장기업과 비상장기업 간의 이전거래로 상장기업의 지배주
주는 시세차익 등 많은 이득
② 상호출자－계열기업을 확장하는 방식으로 대기업들이 주로
사용하는 출자방식
③ 상호지급보증－계열기업 상호간의 지급보증을 통하여 기업은
자금을 쉽게 조달하는 방식

4) 사외이사 및 사외감사의 필요성

① 지배주주의 독주를 막고 소액주주의 권익 보호를 위해 '사외
중역제' 도입 필요성
② 미국: 신규상장기업 2명 이상 사외이사
③ 일본: 감사 중 1명은 사외감사
④ 한국: 이사 중 1/4이 사외이사

3.2 사례연구

1) 내부자 거래: SK 부당내부거래

① SK(주) 경영권 유지를 위해 비상장 회사인 워커힐 주식가치를
과대평가
② SK(주) 주식가치가 워커힐 주식의 2배 정도이나 실제거래는

워커힐 주식 1주당 SK(주) 2주씩 맞교환

③ 약 700~800억의 부당 이득

2) 소유구조: 삼성계열사 CB거래 수백억 차익

① 삼성계열사 CB거래 수백억 차익

② 에버랜드의 전환사채(CB)를 구입하는 데 사용한 자금은 삼성 그룹이 L씨에게 시세차익을 안겨 주는 방법으로 조성된 것으로 드러남

③ 삼성계열사 및 에버랜드 CB를 저가 매입한 뒤 해당회사의 주식이 상장되면 되파는 수법으로 취득가의 10배에 이르는 수백억 원의 시세차익을 남김

매춘 · 노름도 손님 접대?

中 공무원 공금유용 한 해 44조원[20]

중국 공직사회 부패 중 대표적인 것이 공금유용이다.

최근 국가정보센터 통계에 따르면 지난 2004년 한 해 전국 공무원들이 먹고 마시는데 탕진한 공금은 3,700억 위안(약 44조 4,000억 원)이었다. 전국 공무원 수가 640만 명이라니 1인당 평균 5만 8,000 위안(약 696만 원)씩 쓴 셈이다. 봉급 봉투에 찍혀 나오는 자신들 연봉보다 훨씬 많은 액수다.

식사비는 공용품 구입비로, 개인 지출은 자료 구입비로, 경조사 비와 여행비는 사무비용 명목으로 거짓 영수증을 만들었다. 개인

---

20) 출처: 조선일보, 2006년 11월 2일자 기사내용.

여행과 차량 유지, 경조사 부조에도 공금을 썼다. 심지어 매춘, 도박 비용도 외부 손님 접대비로 처리했다.

홍콩 주간 '랴오왕(瞭望)' 최근호는 공금 유용 관련 글을 싣고, 중국 공산당이 부패척결을 외치지만 이 부문에서는 여전히 별무성과라고 평했다. 후난(湖南)대 청렴연구센터의 팡타이장(龐太江) 교수는 "현재 30~50위안(약 3,600~6,000원)으로 책정돼 있는 간부 공무원들의 출장 숙박비 등은 현실에 맞지 않아 오히려 부정을 조장한다."고 말했다.

'4가지 요리에 탕 1개'라는 현행 식사접대 규정도 손님은 무조건 푸짐하게 대접해야 한다는 일반인들의 관념과는 동떨어져 있다.

공무원들은 대개 "먹고 마시는데 공금 좀 쓴 게 무슨 대수냐?"는 식이다. '식사 한 끼에 소 한 마리', '보름 시찰에 열흘 여행'이라는 말까지 나왔다. 이 때문에 항간에는 '식사비도 1,000억(위안), 용돈도 1,000억. 2,000억이면 12억 인민이 골병든다.'는 말이 나돈다.

* 아래의 내용이 맞으면 T, 틀리면 F를 빈칸에 넣어 주세요.

1. 기업공개란 주식회사가 발행한 주식을 공모에 의하여 일반투 자자에게 공개하거나, 대주주의 주식을 일반 투자자에게 분산 하는 것을 의미한다. ( )

2. 내부자 거래는 비윤리적인 재무관리의 사례이다. ( )

3. 기업내용공시(corporate disclosure)란 기업의 이해관계자와 투자 자가 투자판단에 필요한 기업내용과 관련된 정보를 신속하고 정확하게 투자자에게 알리는 것을 말한다. ( )

[정답] 1. (T)   2. (T)   3. (T)

[요점정리]

1. 윤리적 재무관리의 영역
① 기업의 자금조달과 관련된 윤리문제
② 기업의 소유구조에 관련된 윤리문제

2. 윤리적 재무관리의 목표
① 주주에 대한 부의 극대화

② 기업의 사회적 책임

3. 기업공개시의 윤리문제
① 공개 전 증자남발
② 공개 후 발행가 과대산정문제

4. 기업내용공시의 윤리문제
① 나쁜 정보의 공시회피
② 공시정보의 신뢰성
③ 공시지연의 가능성

5. 내부자 거래의 윤리문제
① 내부자 거래는 정보의 공유성을 해침으로써 증권시장에 대한
   신뢰성을 실추시킨다.
② 내부자 거래는 불특정 다수에게 광범위한 피해를 준다.
③ 내부자 거래는 공정거래를 저해한다.

6. 기업소유구조의 윤리적 문제
① 미국: 경영자의 사적소비문제
② 한국: 지배주주의 사적소비 문제

[용어정리]

① 기업공개의 개념

기업공개란 주식의 대중분산을 의미한다. 즉, 증권거래법에 의하여 주식회사가 발행한 주식을 공모에 의하여 일반투자자에게 공개하거나, 대주주의 주식을 일반 투자자에게 분산하는 것을 의미한다.

② 기업내용공시의 개념

기업내용공시(corporate disclosure)란 기업의 이해관계자와 투자자가 투자판단에 필요한 기업내용과 관련된 정보를 신속하고 정확하게 투자자에게 알리는 것을 말한다.

[참고문헌]

① 김성수, 『21세기 윤리경영론』, 삼영사, 2009.
② 김 택, 『공기업 윤리경영』, 한국학술정보(주), 2010.
③ 심용아, 『재미있는 윤리경영 이야기』, 서울과학종합대학원.
④ 이관춘, 『윤리경영전략』, 학지사, 2009.
⑤ 이원재, 『전략적 윤리경영의 발전』, 삼성경제연구소, 2005.
⑥ 임태순, 『경영학원론』, 한국학술정보(주), 2010.
⑦ 임태순 외 2인, 『현대경영학의 개관』, 법문사, 2006.
⑧ 임태순 외 2인, 『현대경영학의 이해』, 법문사, 2002.
⑨ 임태순 『재무관리』, 한국학술정보(주), 2011.
⑩ 임태순, 『재무관리의 이해』, 법문사, 2007.
⑪ 허승호, 『윤리경영이 온다』, 동아일보사, 2004.

1. 윤리적 생산관리에 대한 이해를 하기 위하여 기본적으로 생산관리에 대해 재조명한다.
2. 윤리적 생산관리에 대해 살펴보고 윤리의 기능, 내용, 역할에 대해 알아본다.
3. 윤리적 생산관리를 경영자 측면과 근로자 측면에서 고려할 사항에 대해 논의한다.

제9장 생산관리와 윤리

1. 생산관리

1.1 생산관리

1) 의의

생산관리(production management)란 재화와 서비스의 생산을 효율적으로 관리하는 것을 의미하며, 최근 들어서 서비스의 비중이 확대됨에 따라 운영관리(operations management) 또는 생산·운영관리(production·operations management)라고 불리기도 한다.

2) 목표

생산관리의 목표는 고객의 욕구를 충족하는 양질의 제품(품질: quality)을 원하는 시기(납기: delivery time), 적절한 가격(원가: price)으로 공급하고 변화에 대응하기 위하여 생산시스템의 유연성(flexibility)이 확보되어야 한다. 즉, 원가, 품질, 납기, 유연성이 생산관리의 목표이며, 이를 위한 생산관리의 영역은 제품설계, 공정설계, 생산계획, 재고관리, 품질관리 등이 있다.

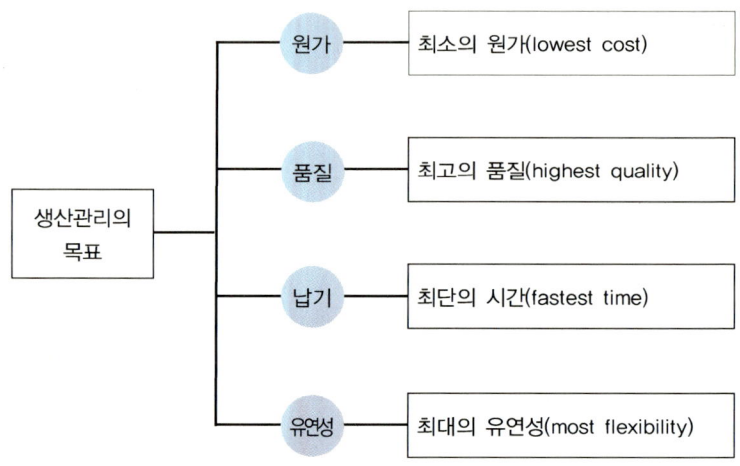

〈그림 9-1〉 생산관리의 목표[21]

---

21) 출처: 임태순 외 2인, 『현대경영학의 이해』, 법문사, 2002, p.408.

1.2 제품개발

1) 제품개발의 원칙

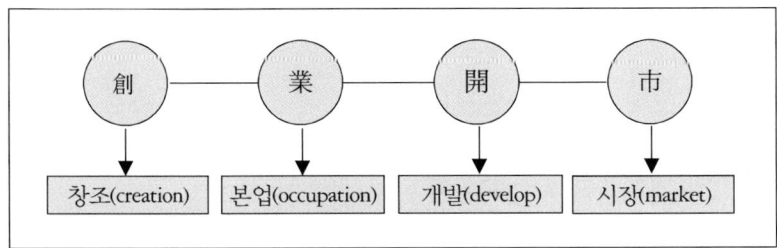

〈그림 9-2〉 생산관리의 목표[22]

① 창(創)-창조(creation): 독창성(originality) < 창조성(creativity)

② 업(業)-본업(occupation): 본업은 고수하고 내용은 변화시킨다.

③ 개(開)-개발(development): 기초연구 < 개발

④ 시(市)-시장(market): 시장에 기초하여

1.3 품질관리

1) 의의

품질(quality)관리란 "소비자의 요구를 충족시킬 수 있는 품질 수준의 상품을 만드는 행위"를 말하며 품질엔 기능적 품질, 신뢰성, 내구성, 편의성 등이 있다.

---

22) 출처: 임태순, 『경영학 원론』, 한국학술정보(주), 2010, p.132.

2) 품질관리와 관련된 운동

① ZD(Zero Defect)운동: 무결점운동을 말한다.

② TQC: TQC는 종합적 품질관리로서 'Total Quality Control'을 말한다.

③ 식스시그마: 불량률이 백만분의 일이 되기 위한 품질관리를 말한다.

2. 윤리적 생산관리: 기능·내용·역할

☞ 함께 생각하기 ☜

[중국 공직사회 부패]

대표적인 게 공금유용[23]

국가정보센터 통계에 의하면 2004년 한 해 전국의 중국 공무원들이 먹고 마시는 데 탕진한 공금은 3,700억 위안(약 44조 4,000억 원)이었다. 이는 1인당 평균 5만 8,000위안(약 696만 원)씩 쓴 셈(3,700억 위안/전국 공무원 수 640만 명)으로 자신들 연봉보다 훨씬 많은 액수다.

예) 식사비는 공용품 구입비로, 개인 지출은 자료 구입비로, 경조사비와 여행비는 사무비용 명목으로 거짓 영수증을 만들었고, 개인 여행과 차량 유지, 경조사 부조 그리고, 심지어 매춘, 도박 비용

---

23) 출처: 조선일보, 2006년 11월 2일 기사내용.

도 외부 손님 접대비로 처리

☞ 함께 생각하기 ☜

뇌물(bribe) VS. 선물(present)[24]

해외 진출 시 '뇌물'을 '선물'로 바꾸는 *秘法*

뇌물과 선물은 일관성 있는 원칙으로 대하되 상황에 따라 유연하게 대처해야 하고 성공을 위한 글로벌기업의 현지화전략으로 이해할 필요성이 있다.

예)

코카콜라: 아프리카의 한 나라에서 뇌물요구 거절 대신 과실수 심기
모토롤라: 공장가동 전 소방공무원들의 대가요구에 자녀들에게 장학금 지급

2.1 윤리적 생산관리

1) 윤리적 생산관리의 개념

생산관리를 윤리적으로 하는 관리활동을 말한다. 부연한다면, 재화와 서비스의 생산을 효율적으로 관리하는 것인데, 이러한 관리활동을 윤리적으로 접근하는 것을 의미한다.

---

24) 출처: 대한상공회의소 "해외진출 시 고려해야 할 윤리적 관행과 특성".

2) 윤리적 생산관리의 목표

생산관리의 목표로 삼는 원가, 품질, 납기, 유연성에 윤리성이 가미된 것을 목표로 한다. 따라서 매 공정에서 윤리적인 생산관리가 유지되는가 하는 초점을 가지고 이루어진다.

2.2 윤리적 생산관리의 기능(전략적 윤리계획)

1) 전략적 윤리계획

환경 변화에 대해 전체적으로 생산시스템을 윤리적으로 적응시키는 계획

2) 관리적 윤리계획

생산전략을 실현하기 위하여 생산시스템의 구조화를 꾀하는 계획

3) 업무적 윤리계획

구조화된 생산시스템의 일상적 운영에 윤리적 계획을 포함시키는 것

2.3 윤리적 생산관리의 기능, 내용, 역할

1) 진도관리

기업이 생산 활동의 진행상황을 계획하고 통제하는 일
⇨ 윤리적 공정관리활동
　예) 적기공급 등

2) 현물관리

생산에 필요한 각종 자재의 보관 및 운반, 그리고 재고 등을 합리적으로 운영하는 관리 ⇨ 윤리적 자제관리활동

예) 부정이 개입되지 않는 실행

3) 원가관리

원가절감 및 경영활동을 합리화하려는 관리방법 ⇨ 윤리적 원가관리

예) 윤리적 원가개선

4) 품질관리

QC활동 ⇨ 윤리적 QC 관리활동

예) 윤리적 품질 유지, 품질향상 등

3. 윤리적 생산관리: 경영자 측면과 근로자 측면

3.1 윤리적 생산관리: 경영자 측면

1) 기술개발(R&D)

기술개발단계에서 많은 윤리적 문제가 발생할 수 있다. 기업에서 새로운 기술을 습득하는 방법에는 도용, 모방, 개량, 라이선싱, 창조의 다섯 가지 방법이 있는데, 이중에서 윤리적으로 문제가 될 수 있는 것은 도용과 모방이라고 할 수 있다.

예) 중국 짝퉁이야기

－일본의 혼다 ⇨ 홍다(Hongda)

－미국의 월마트(Wal-Mart) ⇨ 우마트(Wumart)

－미국GM의 최고 인기 모델인 '체비(Chevy) ⇨ 체리(Chery)

－초코파이, 신라면, 너구리 등등…

* 위기= 위험 + 기회

짝퉁을 기회로 활용하는 지혜로움이 있어야 한다.

① 나이키는 '나이스' 때문에 커졌다.

② 롤렉스 시계의 짝퉁

〈그림 9-3〉 한이슬[25]

―――――――――――――――
25) 이미지 출처: http://cafe.naver.com/slimfit.cafe

2) 자재 및 부품

〈표 9-1〉 자재 및 부품

구분	내 용
윤리적	제품생산에 합법적으로 사용되는 자재와 부품의 내용을 공개
비윤리적	제품생산에 합법적으로 사용되는 자재와 부품의 내용을 비공개
불법적	제품생산에 불법적으로 사용되는 자재와 부품의 내용을 비공개

3) 근로생활의 질(Quality of Working Life)

현대경영자는 근로자의 근로환경과 근로조건을 인간다운 수준에서 유지하여야 한다. 경영자의 비윤리적 행위는 품질관리나 생산성 향상에 결코 도움이 되지 않는다. 노동계약은 경영자가 정해 놓은 근로조건을 근로자가 수용하는 것이고, 근로생활의 질은 근로자가 '보람과 긍지'를 가지고 직장생활을 할 수 있도록 근로자의 욕구를 충족시켜주려는 경영자의 노력이다.

4) 제조물 책임(Product Liability: PL)

'제조물 책임'은 '제조업자 책임'으로 사용되며 'PL법'으로 표현되기도 하는데 '결함 있는 제품에 의하여 소비자, 이용자, 제3자의 신체, 재산에 생긴 손해에 대해 제조업자 및 유통, 판매에 관여한 자가 부담하여야 할 민사상의 손해배상책임'을 말한다.

① 제조물 결함의 유형

'결함 있는 제품'으로 설계상 결함, 제조상 결함, 설명 및 경고상의 결함을 포함한다.

② 제조물 결함의 판단기준

　－표준일탈기준: 일반적인 상태에서 벗어난 경우(예, 설계의
　　도와 다른 경우)

　－소비자 기대기준: 소비자가 기대하는 안정성 결여(예, 젤리와
　　질식사)

　－위험효용기준: 위험성 > 유용성

5) 지역사회

① 공장이전문제: 종업원과 지역사회문제 고려
② 환경보호문제

3.2 윤리적 생산관리: 근로자 측면

1) 품질관리

제품에 대한 결함이나 하자가 나타나지 않은 상황에서는 근로자
의 비윤리적인 생산 활동이 염려된다.

　예) 노사분규 때의 불량률 증가, 식당의 조리

2) 노동생산성 향상

노동생산성은 근로자의 자발적인 행동에 좌우된다. 근로의욕이
낮거나 동기유발이 부족한 경우는 노동생산성이 떨어질 수밖에 없
다. 지식근로자로서 자신의 가치를 높이려는 노력이 필요하다.

3.3 사례연구

1) 반도체 스파이: LG의 반도체 기술 국외 유출

① (주) KSTC관계자들이 빼돌린 64MD램이 대만회사에 전달

② (주) KSTC 관계자 15명 업무상 배임과 부정경쟁방지법으로 구속 기소

③ 대만의 회사는 64MD램 반도체 개발기간을 3~6개월 단축

BMW, 짝퉁 중국 차 제소[26)]

BMW가 중국 쌍환(雙環)자동차를 독일 법원에 제소했다고 12일 뉴욕타임스(NYT)가 보도했다.

쌍환의 SUV 차량 'CEO'(사진 下)가 BMW 인기 차종인 'X5'(사진 上)의 디자인을 베꼈다며 판매 금지를 신청한 것이다. CEO는 최근 독일 시장에서 출시된 데 이어 11일 개막된 프랑크푸르트 모터쇼에까지 출품됐다.

---

26) 출처: 중앙일보, 2007년 9월 13일자 기사내용.

[퀴즈문제]

* 아래의 내용이 맞으면 T, 틀리면 F를 빈칸에 넣어 주세요.

1. 윤리적 생산관리란 생산관리 활동을 윤리적으로 하는 것을 의미한다. (   )

2. 윤리적 생산관리의 목표는 원가, 품질 , 납기, 유연성에 '윤리성'을 가미하는 것을 말한다. (   )

3. '제조물 책임'은 '제조업자 책임'으로 사용되며 'PL법'으로 표현되기도 한다. (   )

[정답] 1. (T)   2. (T)   3. (T)

[요점정리]

1. 생산관리(production management)란 재화와 서비스의 생산을 효율적으로 관리하는 것을 의미하며, 최근 들어서 서비스의 비중이 확대됨에 따라 운영관리(operations management) 또는 생산·운영관리(production·operations management)라고 불리기도 한다.

   생산관리의 목표는 고객의 욕구를 충족하는 양질의 제품(품질: quality)을 원하는 시기(납기: delivery time), 적절한 가격(원가:

price)으로 공급하고 변화에 대응하기 위하여 생산시스템의 유연성(flexibility)이 확보되어야 한다. 즉, 원가, 품질, 납기, 유연성이 생산관리의 목표이며, 이를 위한 생산관리의 영역은 제품설계, 공정설계, 생산계획, 재고관리, 품질관리 등이 있다.

2. 윤리적 생산관리의 개념

① 생산관리를 윤리적으로 하는 관리활동
② 윤리적 생산관리의 목표: 원가, 품질 , 납기, 유연성에 '윤리성'의 가미

3. 경영자 측면

① 기술개발(R&D): 윤리적으로 문제가 될 수 있는 도용과 모방의 문제
② 자재 및 부품: 윤리, 비윤리, 불법적의 차이 구분
③ 근로생활의 질(Quality of Working Life): 근로자가 '보람과 긍지'를 가지고 직장생활을 할 수 있도록 근로자의 욕구를 충족시키는 삶의 질
④ 제조물 책임(Product Liability: PL): 결함 있는 제품에 의하여 소비자, 이용자, 제3자의 신체, 재산에 생긴 손해에 대해 제조업자 및 유통, 판매에 관여한 자가 부담하여야 할 민사상의 손해배상책임

4. 근로자 측면

① 품질관리: 제품에 대한 결함이나 하자가 나타나지 않은 상황

에서는 근로자의 비윤리적인 생산 활동

② 노동생산성 향상

[용어정리]

① 제조물 책임(Product Liability: PL): 제조물 책임은 '제조업자 책
   임'으로 사용되며 'PL법'으로 표현되기도 하는데 '결함 있는
   제품에 의하여 소비자, 이용자, 제3자의 신체, 재산에 생긴 손
   해에 대해 제조업자 및 유통, 판매에 관여한 자가 부담하여
   야 할 민사상의 손해배상책임'을 말한다.

[참고문헌]

① 김성수, 『21세기 윤리경영론』, 삼영사, 2009.
② 김택, 『공기업 윤리경영』, 한국학술정보(주), 2010.
③ 심용아, 『재미있는 윤리경영 이야기』, 서울과학종합대학원.
④ 이관춘, 『윤리경영전략』, 학지사, 2009.
⑤ 이원재, 『전략적 윤리경영의 발전』, 삼성경제연구소, 2005.
⑥ 임태순, 『경영학원론』, 한국학술정보(주), 2010.
⑦ 임태순 외 2인, 『현대경영학의 개관』, 법문사, 2006.
⑧ 임태순 외 2인, 『현대경영학의 이해』, 법문사, 2002.
⑨ 허승호, 『윤리경영이 온다』, 동아일보사, 2004.
⑩ 조선일보, 2006년 11월 2일 기사내용.
⑪ 대한상공회의소, "해외진출 시 고려해야 할 윤리적 관행과 특성"
⑫ 중앙일보, 2007년 9월 13일자 기사.
⑬ 이미지 출처: http://cafe.naver.com/slimfit.cafe

1. 윤리적 마케팅활동에 대한 이해를 돕기 위하여 마케팅활동에 대해 재조명해 본다.
2. 윤리적 마케팅활동에 대해 살펴보고 제품의 윤리, 가격의 윤리에 대해 알아본다.
3. 윤리적 마케팅활동으로 유통의 윤리, 판매원의 윤리, 광고의 윤리에 대해 논의한다.

제10장 마케팅과 윤리

1. 마케팅

1.1 마케팅의 의의

1) 마케팅이란?

마케팅(marketing)에 대하여 미국마케팅학회는 "생산자로부터 소비자와 사용자에게 제품과 서비스가 흐르도록 하는 모든 기업 활동의 수행"이라고 정의하였다. 즉, 어떤 교환과정을 통하여 개인과 조직체에게 최대의 만족을 충족시켜주는 일련의 과정이라고 해석할 수 있다.

2) 마케팅 전략

마케팅전략은 시장세분화(market segmentation), 표적시장(target market)의 선정, 목표포지션(desired position) 그리고 마케팅 믹스(marketing mix) 등을 포함한다. 이러한 전략은 제품(product), 가격(price), 유통(place), 그리고 촉진(promotion)의 4P를 유효적절하게 고

려하여 수립되어야 한다.

3) 마케팅 목표

고객만족을 통한 기업의 목표인 기업가치의 극대화를 목표로 한다.

1.2 시장세분화

1) 시장세분화의 정의

전체의 시장을 일정한 기준에 따라 동질성이 확보된 하부의 작은 시장으로 세분화하는 작업을 말한다.

2) 시장세분화의 변수

① 지리적 변수: 지역, 인구밀도, 도시의 크기, 기후
② 인구통계적 변수: 나이, 성별, 직업, 소득수준 등
③ 개인특성: 보수적, 자율적 등
④ 행동변수: 가격에 대한 민감도 등

1.3 포지셔닝

1) 포지셔닝의 의의

포지셔닝(positioning)이란 고객들이 경쟁사의 제품과 비교하여 자사의 제품에 대해 가지는 특별한 이미지 즉, 제품이 고객들에게 지각되는 모습을 말한다.

예) "삼성이 만들면 다릅니다"

　 "사이버대학의 명문 서울사이버대학교"

〈그림 10-1〉 서울사이버대학교[27)]

2) 리포지셔닝(repositioning)

환경의 변화에 따라 경쟁사의 위치도 변화하므로 자사의 기존제품의 위치를 적절한 위치로 새롭게 설정하는 전략을 말한다.

☞ 경영사례 ☜

① Honda사가 Acura Division으로,

---

27) 이미지 출처: 네이버 백과사전 encyber.com

② Toyoda사가 Lexus Division으로,

③ 삼성이 PAVV, Zipel로

1.4 마케팅의 현대적 특징

1) 소비자 중심의식
사이버 마케팅의 초기단계에서는 비윤리적 마케팅이 성행하나 소비자지향의 마케팅이 중심으로 변모한다.

2) 전사적 마케팅의 사고
경영활동이 마케팅을 중심으로 전사적 마케팅으로 변모한다.

3) 사회적 책임 마케팅
사회적 책임과 환경에 대한 책임이 강조된 사회적 책임 마케팅으로 변모한다.

4) 소비자 복리증진
환경보존, 공해방지 등에 역점을 두는 방향으로 변모한다.

5) 기업의 적정이윤 확보

2. 윤리적 마케팅활동

2.1 윤리적 마케팅

1) 윤리적 마케팅의 개념
기존의 마케팅을 윤리적으로 하는 관리활동을 말한다. 즉, 마케팅윤리(marketing ethics)란 최종소비자나 사용자의 욕구를 충족시킬 수 있는 재화와 용역을 가장 윤리적으로 제공하기 위한 제품, 판매경로, 가격, 판매촉진, 물적 유통 등의 경영활동을 효과적이고 윤리적으로 수행하는 행동 또는 시스템이다.

2) 윤리적 마케팅의 목표
최종목표는 기업가치의 극대화에 초점을 두고 진행이 되나, 4P에 이르는 제반 영역에 있어서 윤리적인 마케팅활동이 유지되는가 하는 초점을 가지고 이루어진다.

2.2 마케팅 윤리의 범위

1) 경쟁관계결정
* 비윤리적인 행위: 진입장벽, 경쟁파괴, 침탈적 경쟁

2) 제품결정
* 비윤리적인 행위: 제품추가와 폐기, 저질제품

3) 포장결정

* 비윤리적인 행위: 표시미비, 원가의 과대성, 자원낭비, 환경오염

4) 가격결정

* 비윤리적인 행위: 가격인상, 허위가격

5) 판매결정

* 비윤리적인 행위: 뇌물제공, 강압판매

6) 광고결정

* 비윤리적인 행위: 허위, 과대광고

7) 경로결정

* 비윤리적인 행위: 배타적 거래

2.3 제품의 윤리

1) 법적 규제

제품의 윤리는 사회적 관심 때문에 비윤리적 문제는 아래와 같은 경우에 법적인 규제를 받는다.

① 제품안전문제

제품 자체의 결함, 제품이 안전과 건강에 위배될 때 법적인 규제의 대상이 된다.

② 제조물책임(PL)문제

제품의 결함과 안전의 부족으로 사용자가 인적, 물적, 정신적 피해를 당했을 경우 공급자가 배상해야 하는 문제이다.

〈표 10-1〉 제조물 책임제도

구분	세소톨 책임제도(PL)	제품회수제도(rocall)
성격	민사적 책임	행정적 책임
기능	사후적 손해배상책임	사전적 제품회수
근거법률	제조물 책임법	소비자 보호법

③ 제품모조(product counterfeit) 문제

허가 없이 제품, 발명품, 상표를 모방하거나, 제품의 원산지를 허위로 표시하거나 상품등록권을 침해하는 행위를 말한다. 이런 행위는 비윤리적 행위인 동시에 불법적인 행위이다.

2) 윤리적 논란의 제품

〈표 10-2〉 윤리적 논란의 제품

윤리적 논란의 문제	논란 대상 제품
공공차원의 해로운 제품	담배, 술, 무기
공해유발 제품	에어스프레이, 과잉포장(미분해 제품)
혐오 제품	음란비디오, 음란광고, 음란만화

2.4 가격의 윤리

☞ 함께 생각하기 ☜

예 1) 명품인 고급향수, 다자이너 의상, 시계 등 터무니없는
가격을 요구해도 되는가?
예 2) 생명을 구하는 유능한 외과의사가 환자에게 특별 치료
비를 요구했을 때 윤리성이 있는가?

1) 가격결정의 윤리성
예) 지진, 홍수 등 천재지변으로 물자 공급이 어려울 때 생필
품값을 올리는 행위, 입찰 시의 가격담합

2) 실질적 가격인상의 윤리성
예) 가격을 올리지 않으면서 품질을 낮추는 행위, 가격을 올
리지 않으면서 용량을 줄이는 행위

3) 가격할인의 윤리성
예) 가격파괴라는 미명 아래 사기세일, 유행성 높은 고가제품
의 욕구의 보편화 속에 가격할인

4) 가격광고의 윤리성
예) 값싼 광고로 소비자 현혹, 싼 가격을 걸고 보이지 않는
깨알 같은 글씨로 현혹('모니터별도' 등)

3. 윤리적 마케팅

3.1 유통의 윤리

1) 도매상의 윤리
도매상의 윤리는 소매상의 윤리에 비해 심각하지 않다.

현재 생산자의 직매점과 대리점이 전체 유통량의 85%, 독립도매상이 15%인 상태이다.

2) 소매의 윤리
소매상의 윤리문제는 심각한 상태이다.

예) 중소기업제품의 경우 가격파괴의 미명 아래 소매점이 판매가격을 결정하고 제조업자에게 낮은 가격을 강요하는 등 가격결정이 생산자로부터 소매업자에게로 이동 중이다.

3) 유통경로의 윤리
유통질서를 문란하게 만들고 유통업에 불신을 초래할 수 있는 윤리의 문제들을 예상할 수 있다.

예) 아이스크림 업체의 치열한 경쟁

3.2 판매원의 윤리

* 판매원의 윤리성 제고를 위한 방법

① '판매원 윤리강령', '영업사원 행동강령' 제정 및 준수

예) 금융업의 경우는 매우 중요

② 무리한 판매목표설정 근절

　예) 정상적인 판매활동으로 가능한 판매원의 판매목표 설정
　　으로 목표달성을 위한 무리한 행위 근절

③ 현장에서 직면하는 윤리적 문제 해결 창구

　예) 영업사원, 판매원의 상사나 본사에 연락하여 상의하고 지
　　시 받을 수 있게 되어야 한다.

④ 예방을 위한 적극적인 노력

　예) 영업활동 속에서 발생되는 비윤리적인 문제의 예방

3.3 광고의 윤리

* 광고에 대한 비판

① 광고는 거짓말을 하고 과장한다.

② 광고는 어린이에게 나쁜 영향을 준다.

③ 광고는 인간에게 한없는 욕망을 불어 넣는다.

④ 광고는 공해다.

* 광고에 대한 옹호

① 광고와 뉴스와는 다르다.

② 광고는 소비자 생활수준과 자아실현에 기여한다.

③ 광고과잉이라고 하지만 광고를 찾는 소비자도 있다.

④ 광고는 소비촉진을 통해 소비자가격을 인하하는 데 기여한다.

3.4 광고대행사의 윤리

1) 광고대행사의 윤리성

① 메시지의 효과문제
② 시청자의 이해관계문제

2) 광고의 윤리성 평가기준

① 사실성과 진실성
② 이해관계자의 이익

3) 광고주의 윤리

〈표 10-3〉 광고주의 윤리

윤리항목	관련내용
목표	대중의 복지, 공공질서 유지
표현	진실, 허위, 과대한 표현 금지
내용	중상 및 비방금지, 모방 및 표절금지
거래	공정하고 자유로운 거래
책임	광고주 등 모든 관계자가 공동의 책임

3.5 사례연구

1) 남양 임페리얼 드림

"이미 XO를 먹이고 계신다면 당신의 아기는 특권을 누리고 있습니다"

위배사항: '방송광고는 국가, 인종, 성, 연령, 직업, 종교, 신념, 장애, 계층, 지역을 이유로 차별하거나 편견을 조장하는 표현을 해서는 안 된다.' 적용

2) 스피드 011

"번호는 가져갈 수 있어도 품질과 자부심은 가져갈 수 없습니다"

위배사항: "100% 011"이라는 표현은 마치 완벽하다는 의미로 받아들여져 소비자를 오인시킬 수 있다는 우려로 수정토록 결정하였다.

3) 헬씨 '올리고'(수험생 산소발생기 회사)

"우리 반에 전교 1등이 있거든요"

걔는 영어사전 한 권을 통째로 다 외웠다면서… 아, 걔는 어디서 도대체 그런 집중력이 나왔데?

산소발생기 올리고 몰랐어? <중략>

위배사항: "객관적으로 확인될 수 없거나 확인되지 아니한 사항을 표현하여서는 안 된다."를 적용하여 방송 불가

나눔경영, 국경이 없다[28]

사회공헌이란 기업의 사회적 책임을 일컫는 용어다.

이는 '노블레스 오블리주'와 비슷하다.

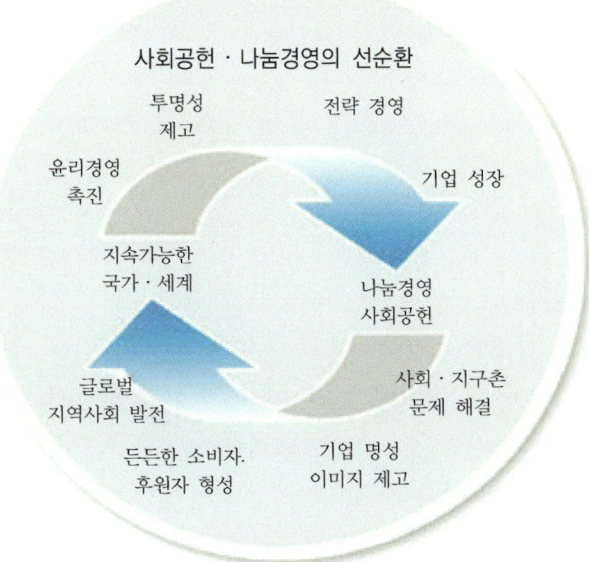

사회공헌 · 나눔경영의 선순환

투명성 제고

전략 경영

윤리경영 촉진

기업 성장

지속가능한 국가 · 세계

나눔경영 사회공헌

글로벌 지역사회 발전

사회 · 지구촌 문제 해결

든든한 소비자 · 후원자 형성

기업 명성 이미지 제고

---

28) 출처: 매일경제신문, 2006년 10월 24일 기사 내용.

상대적으로 우월한 지위의 기업이 사회적 약자들에게 베푼다는 분위기가 강하다.

기업이 마지못해 선행에 나선다는 곱지 않은 시각도 존재한다.

일부에서는 '기업의 사회적 책임 강조'가 비용과 가격을 높이고 이윤을 줄인다고 주장한다.

그래서인지 최근 들어 '사회공헌'의 개념이 조금씩 변하고 있다.

'기업 시민의식'의 측면에서 '나눔경영'을 한다는 것이 바로 그 것이다.

일반 사람들은 모두 시민으로서 해야 할 공공의 의무가 있으며 이는 이익을 위해서가 아니라 공동체의 단결과 개선을 위해서 이뤄진다.

세금 납부부터 정원 잔디 손질, 집 앞 눈치우기, 공공장소의 금연 등이 여기에 해당한다.

마찬가지로 '기업 시민'의 개념을 도입하면 기업은 경영활동의 영역인 사회와 국가를 모두 아름답게 꾸며야 할 의무가 있다.

기업 활동이 모든 지구촌을 대상으로 이뤄진다면 지구촌을 보다 아름답고 살기 좋게 가꿔야 하는 셈이다.

삼성전자, LG전자, 현대자동차, 포스코, SK텔레콤 등 글로벌 기업들은 그런 취지에서 국내외를 가리지 않고 '나눔경영'에 적극적이다.

선행으로 환심을 사는 차원을 넘어선다는 얘기다.

그래서일까. 대기업들이 내미는 도움의 손길은 중국, 동남아, 동유럽, 아프리카 등 상대적으로 인프라스트럭처가 취약하거나 삶이 어려운 곳에까지 뻗치고 있다.

시장성이 거의 없는 오지로 봉사단을 보내는 기업도 많다.

반대급부를 생각하지 않는 인류애의 실천이다.

해외 사업이 취약한 내수 기업들도 나름대로 '나눔의 실천'에 적극적이다.

이들은 정부와 사회 자선단체들의 손길이 미처 미치지 못한 곳을 찾아 살가운 정성을 쏟는다.

'기쁨은 나누면 배가 되고, 고통은 나누면 반감된다.'는 옛 속담의 실천에 나서고 있는 셋이나.

'사회공헌과 나눔'은 최근 각광받고 있는 지속가능 경영으로 이어진다.

지속가능 경영이란 기업 본연의 책임인 이윤 창출뿐만 아니라 윤리경영, 투명경영, 사회공헌, 환경보호 등 다양한 실천 수단을 통해 지속적으로 발전할 수 있는 사회와 지구촌을 만든다는 것. 네덜란드의 필립스는 2002년부터 지속가능보고서를 만들고 있으며 현대자동차, 포스코, 삼성SDI 등도 새로운 경영이념으로 채택했다.

삼성경제연구소는 "기업이 빈곤, 인권, 환경보호 등의 문제를 앞장서 해결함으로써 지속가능한 사회로 만들어 가는 게 중요하다."며 이 같은 활동이 반기업정서를 순화하고 국민·기업 간 신뢰 회복으로 이어질 수 있다고 강조했다.

그런 차원에서 향후 '나눔경영'은 크게 네 가지로 요약된다.

△의도적이 아니라 진심에서 우러나는 활동 △최고경영자를 포함한 임직원의 참여와 기업 내 실천시스템을 위한 인프라스트럭처 구축 △기업의 비전·특성 및 상품과 연계된 공헌활동 △비영리조직과 전략적 파트너십 설정 등이 바로 그것이다.

실제로 기업의 사업활동과 연계된 공헌활동은 일반 국민에게서 크게 공감을 얻고 있다.

삼성생명의 '시각장애인 안내견', CJ의 '푸드뱅크', SK텔레콤의 '미아 찾기', 에스터로더의 '유방암 퇴치운동' 등이 대표적인 사례로 꼽힌다.

물론 사회적 책임을 내세우는 기업들의 활동이 단순한 '쇼'라는 시각도 있다.

사회 내 부정적 여론을 막고, 최고경영자(CEO)의 이미지 제고를 위한 방편으로 활용한다는 것이다.

특히 기업인 등 개인 기부는 거의 없고, 일부 재단의 경우 여론 주도층에게 더 많은 혜택을 준다는 비판도 받는다.

기업 특성을 고려하지 않거나 일시적·단발적인 활동이 많다는 얘기도 있다.

경영환경이 나빠지면 '사회공헌활동'도 대폭 줄어든다는 것이다.

나눔경영의 실천 기업들도 이 같은 점을 감안해 내실 있는 경영에 적극적인 모습을 보이는 예가 많다.

'선행은 올바른 자가 실천할 때만 유효하다.'는 사실을 잘 알기 때문이다.

실제로 분식회계의 대명사로 불리는 미국 에너지기업 엔론은 모든 면에서 바람직한 '기업 시민의식'의 모범적인 실행자였다.

예술을 후원했으며 지역 공동체의 절박한 요구를 충족시키기 위해 아낌없는 자선을 베풀었다.

기업들도 여태껏 자사 상품과 서비스를 이용하는 고객이나 잠재적 고객을 주요 공략대상으로 삼아왔다.

하지만 '나눔경영'은 고객의 대상을 전 인류로 확장하고 있다.

나 홀로 잘사는 사회는 '참행복 사회'가 아니라는 게 21세기의 '글로벌 화두'인 탓이다.

[퀴즈문제]

* 아래의 내용이 맞으면 T, 틀리면 F를 빈칸에 넣어 주세요.

1. 윤리적 마케팅이란 마케팅 활동을 윤리적으로 하는 것을 의미한다. (   )

2. 윤리적 마케팅의 목표는 기업가치의 극대화에 초점을 두고 진행이 되나, 4P에 이르는 제반 영역에 있어서 윤리적인 마케팅 활동이 유지되는가 하는 초점을 가지고 이루어진다. (   )

3. 가격윤리와 제품윤리도 윤리적 마케팅활동의 일부이다. (   )

[정답] 1. (T)   2. (T)   3. (T)

[요점정리]

1. 마케팅(marketing)에 대하여 미국마케팅학회는 "생산자로부터 소비자와 사용자에게 제품과 서비스가 흐르도록 하는 모든 기업 활동의 수행"이라고 정의하였다. 즉, 어떤 교환과정을 통하여 개인과 조직체에게 최대의 만족을 충족시켜주는 일련의 과정이라고 해석할 수 있다.

   마케팅전략은 시장세분화(market segmentation), 표적시장(target market)

의 선정, 목표포지션(desired position) 그리고 마케팅 믹스(marketing mix) 등을 포함한다. 이러한 전략은 제품(product), 가격(price), 유통(place), 그리고 촉진(promotion)의 4P를 유효적절하게 고려하여 수립되어야 한다.

마케팅 목표는 고객만족을 통한 기업의 목표인 기업가치의 극대화를 목표로 한다.

2. 윤리적 마케팅이란 기존의 마케팅을 윤리적으로 하는 관리활동을 말한다. 즉, 마케팅윤리(marketing ethics)란 최종소비자나 사용자의 욕구를 충족시킬 수 있는 재화와 용역을 가장 윤리적으로 제공하기 위한 제품, 판매경로, 가격, 판매촉진, 물적유통 등의 경영활동을 효과적이고 윤리적으로 수행하는 행동 또는 시스템이다.

윤리적 마케팅의 목표는 기업가치의 극대화에 초점을 두고 진행이 되나, 4P에 이르는 제반 영역에 있어서 윤리적인 마케팅 활동이 유지되는가 하는 초점을 가지고 이루어진다.

1) 제품의 윤리
① 제품안전 문제
② 제조물 안전의 문제
③ 제품모조의 문제

2) 가격의 윤리

① 가격결정의 윤리

② 가격인상의 윤리

③ 가격할인의 윤리

3) 유통의 윤리

① 판매원의 윤리

② 광고의 윤리

③ 광고주의 윤리

[용어정리]

① 마케팅 전략: 마케팅전략은 시장세분화(market segmentation), 표
   적시장(target market)의 선정, 목표포지션(desired position) 그리
   고 마케팅 믹스(marketing mix) 등을 포함한다. 이러한 전략은
   제품(product), 가격(price), 유통(place), 그리고 촉진(promotion)의
   4P를 유효적절하게 고려하려 수립되어야 한다.

[참고문헌]

① 김성수, 『21세기 윤리경영론』, 삼영사, 2009.
② 김 택, 『공기업 윤리경영』, 한국학술정보(주), 2010.
③ 심용아, 『재미있는 윤리경영 이야기』, 서울과학종합대학원.
④ 이관춘, 『윤리경영전략』, 학지사, 2009.
⑤ 이원재, 『전략적 윤리경영의 발전』, 삼성경제연구소, 2005.
⑥ 임태순, 『경영학원론』, 한국학술정보(주), 2010.
⑦ 임태순 외 2인, 『현대경영학의 개관』, 법문사, 2006.
⑧ 임태순 외 2인, 『현대경영학의 이해』, 법문사, 2002.
⑨ 허승호, 『윤리경영이 온다』, 동아일보사, 2004.
⑩ 매일경제신문, 2006년 10월 24일 기사.

Part 4

기타영역의 윤리경영

■ 제11장 금융윤리 · 회계윤리
■ 제12장 정보윤리 · 국제경영윤리

학습목표

1. 자금의 흐름에 대한 이해를 통하여 금융에 대해 살펴보고 금융에서의 윤리에 대해 알아본다.
2. 금융기관에서 일어나는 윤리의 문제를 은행, 증권, 보험사를 중심으로 살펴본다.
3. 회계에 대해 이해를 도모하고 회계와 관련된 윤리에 대해 알아본다.

제11장 금융윤리·회계윤리

1. 금융과 윤리(Ⅰ)

1.1 금융에 대한 이해

1) 자금 흐름의 개념

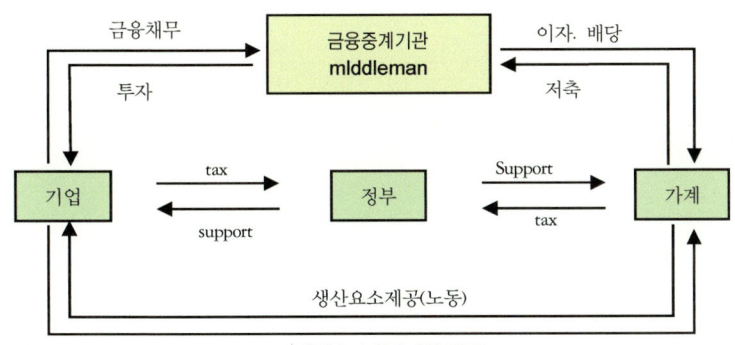

〈그림 11-1〉 자금흐름의 개념도[29]

---

29) 출처: 임태순, 『금융시장』, 한국학술정보(주), 2010, p.23.

2) 금융기관

금융기관은 자금의 수요와 공급을 매개하는 기관을 총칭하며, 크게 은행과 보험회사, 증권회사 등과 은행 이외의 금융기관으로 구분된다.

3) 윤리적 문제

① 자금조달문제
② 자금운영문제
③ 불공정 증권거래 문제
④ 특혜금융과 구제금융문제
⑤ 기업의 금융기관 소유문제
⑥ 편법적인 채무불이행 문제
⑦ 사금융 문제
⑧ 예금자 보호 문제

1.2 자금조달상의 윤리문제

1) 편법사례 1

편법대출 중개: 은행지점에서 실적을 늘리기 위하여 자금의 차입자와 대부자를 편법으로 중개하는 영업을 하는 경우로 과거 은행의 수기통장이 대표적인 예이다. 대부자(사채업자)는 채무불이행의 위험성을 제거할 수 있고, 은행은 수신예금증가라는 실적을 챙길 수 있다.

2) 편법사례 2

공과금 유치: 공과금 유치를 통하여 정부수납기관으로 이전되기까지 활용 가능

1.3 자금운영상의 윤리문제

1) 대출커미션과 청탁

정치적인 영향력이 있는 사람이 은행에 압력을 넣어 대출하거나, 관행이 되었던 대출커미션 등이 있다.

2) 양건예금(일명 꺾기) 대출방식

은행이 대출할 때 대출금의 일부를 은행에 다시 예금하도록 하여 순대출액을 줄이면서 이자는 대출금 전체로 부과하는 변칙예금이다.

3) 자금용도 변경 및 기간 연장

대출항목별로 규제가 행하여지고, 특히 부동산 대출의 경우 투기적인 목적의 대출을 지양하는바, 은행은 대출용도가 제대로 사용되는지 정확히 조사하여야 하나 실제는 자금용도의 변경을 묵인하고 있다.

4) 금융질서의 문제

문책한계가 없는 대기업에 대한 거액부정대출, 빚까지 얻어와 대출하는 은행, 관치금융의 문제점 등이 있다.

2. 금융과 윤리(Ⅱ)

2.1 불공정 증권거래의 윤리문제

1) 시세조정문제

① 통정에 의한 시세조정(타인에게 오인이나 오판을 유도하는 행위): 타인과 자신이 매매의 시기·가격을 정해 놓고 하는 거래, 소유권 이전이 목적이 아닌 가장된 매매거래
② 위계에 의한 시세조정: 공모하여 매매거래가 활발하게 보이게 하기 위한 오인거래, 시세를 자신이 움직일 수 있다고 유포하는 행위, 고의로 허위표시를 하거나 오해를 유발하게 표시하는 행위
③ 증권가격을 고정하거나 안정시킬 목적으로 하는 행위

2) 일임매매의 문제
묵시적인 일임매매에 의하여 투자손실의 책임문제로 분쟁이 확대되게 하는 행위

3) 신용거래의 관리문제

① 수수료 증대를 위하여 거래발생을 위한 신용거래 운용
② 무분별한 신용거래로 시장교란이 되는 경우

4) 투자 상담의 문제

① 선의적이지 못하고 증권회사 임직원의 거래와 이해가 상충될 때
② 거래발생을 유도하는 데 이용하는 경우

2.2 금융기관 소유문제

1) 기업의 금융기관 소유로 여신편중 심화 가능성

2) 금융기관의 부실화 초래 가능성

2.3 예금자 보호 문제

금융기관의 유동성과 지급능력을 유지하여 신용질서를 유지하기 위한 시스템으로 우리나라는 1995년 12월 예금자보호법을 제정하여 2001년 1월 1일부터 시행하고 있다.

* 대상기관: 은행, 상호저축은행, 증권, 보험, 종금

2.4 특혜금융과 구제 금융문제

① 자금시장의 왜곡을 초래
② 학습효과로 안이한 경영과 정경유착의 반복 가능성
③ 국민경제의 효율성 감소

④ 기업이 자금을 생산이 아닌 다른 부분에 투입할 가능성

⑤ 금융기관의 경쟁력 약화

2.5 보험회사의 윤리적 문제

1) 모집제도 문제

① 자신의 수당에서 가입자에게 커미션 지불

② 모집인에 대한 과열 스카우트 경쟁

③ 상속세를 회피하는 비윤리적인 관행

2) 보증보험문제

① 정해진 서류를 형식적으로 받아서 차입자의 신용도 점검이
   미비한 상태에서 보증을 서고 있음

② 채부불이행의 비용 상승으로 선의의 다수에게 보증 수수료
   하는 금융비용을 증대시키는 문제가 발생

2.6 금융윤리 핵심

1) 문제의 야기

직업상 돈을 만지는 이러한 금융업은 검은 유혹에 노출

2) 금융윤리의 강화, 금융업 종사자들의 강한 도덕적 정신무장이 요망

2.7 사례연구: 대형금융사건

1) 사건명과 관련인물

이철희·장영자 부부의 어음사기사건(건국 이래 최대 규모의 금융사기사건)으로 장영자는 전두환의 처삼촌 이규광의 처제이며, 이철희는 육군사관학교 제2기 출신으로 중앙정보부 차장을 역임하였다.

2) 사건개요

이 사건은 은행의 무담보대출의 허점을 이용하여 거액을 조성 후 기업에 자금조달을 제시하고 그 담보로 대여액의 2~9배에 달하는 어음을 받아 사채시장에 팔거나 주식투자하는 등 어음사기 행각을 벌인 사건

3) 세부내용

1981년에서 1992년까지 6,400억 원에 달하는 자금을 조성하고 기업들에게 100~200억 차입한도에 연 20~22%의 조건으로 자금을 제공한 사건으로 결국 공영토건, 일신제강 등 관련기업들의 부도 야기

4) 결과

여당 사무총장이 물러나고 법무부장관이 2번이 교체되었으며 관련된 31명이 법정에 오르고 11명이 구속 실형 선고

3. 회계와 윤리

3.1 회계윤리의 본질

1) 회계윤리의 정의

기업의 재무적 수입과 지출을 기록하고, 이에 수반하는 기업의 수입과 비용관계를 명확히 기록·정리하는 회계는 경영성과를 나타내는 '손익계산서'와 일정시점의 기업의 재무상태를 나타내는 '대차대조표'(또는 재무상태표)의 형태로 정리한다. 회계윤리는 윤리적 방법과 기준에 의하여 회계를 정리하고 기술하는 것을 의미한다.

2) 회계윤리의 중요성

① 기업의 회계 관련 종사원
   - 가짜 증빙서 작성 금지
   - 내용이 틀린 서류를 정확하다고 하는 행위
   - 회계장부 조작금지

② 회계사의 경우
   - 기업의 이해관계자에게 신뢰할 수 있는 정보 제공
   - 해당기업의 재무상태를 정확히 표시하고 있다는 것을 증명

3) 기업회계기준의 6가지 원칙

① 신뢰성의 원칙

② 충분성의 원칙

③ 중요성의 원칙

④ 이해가능성의 원칙

⑤ 비교가능성의 원칙

⑥ 안정성의 원칙

3.2 공인회계사의 윤리성

1) 회계사의 윤리적 책임

① 공인회계사는 자신의 전문적 서비스를 제공받는 이해관계자의 공익을 증진시킬 책임을 지닌다.

② 회계사는 자신의 장기적 긍지와 신용도 향상을 위해서는 개인의 윤리가 유지되어야 한다.

3.3 투명성 제고와 회계제도의 개선

1) IMF 사태와 회계윤리 혁명

IMF 사태는 우리나라 기업회계 윤리에 혁명적 변화를 준 사건이다.

2) 결합재무제표 도입

기업그룹 내의 계열사 간에 상품이나 자금거래가 이루어지는 것을 중복 계산되지 않게 하나의 재무제표로 결합하여 계열사 간의 자본의 상호출자, 상호지급보증, 상호담보제공과 같은 자금거래내역이 명료해졌다.

3) 주주집단 소송제 도입

집단소송제란 주식투자자, 특히 소액주주를 보호하기 위한 제도로서, 소액주주가 주가조작, 허위공시, 분식회계 등으로 피해를 입었을 경우, 한 사람이 소송을 제기하여 소송에서 승소를 하면 이와 관련된 동일한 피해자들이 별도의 소송을 하지 않더라도 동일한 보상을 받을 수 있게 한 제도이다.

3.4 사례연구: 엔론 사태(미국판 최대 규모의 파산사태)

1) 엔론 사태 경과

① 사업 및 규모
- 천연가스 및 전기를 공급하는 공공재 회사였던 엔론은 90년대 초반, 에너지 산업규제 완화를 틈타 급부상
- 이후 시장변화를 간파하고 전력중개사업을 시작
- 창업 15년 만에 포춘 500대 기업 순위 7위를 기록

② 파산과 비화
  - 새로운 사업영역을 위해 파트너십이란 특수법인 활용
  - 파트너십의 운영은 자금조달, 부채은닉, 이익 과대계상을
    하고 철저하게 비공개로 운영
  - 2000년 10월 막대한 부실이 밝혀짐에 따라 의혹이 등장
  - 부사사 신뢰는 회복 불능상태로 추락히여 결국 파산

③ 청문회
  - 정치스캔들로 비화

2) 문제점

① 부실회계관행
  - 손실을 은폐하기 위해 부채를 은닉하고 수익을 과대계상
  - 외부 감사인인 아더 앤더슨도 부실회계를 용인

② 금융시스템의 감시기능 소홀
  - 당사자들의 이해상충으로 불투명한 거래가 은폐

③ 내부 견제장치 미흡

④ 수익성을 무시한 무리한 확장

SK, 사회적기업 지원해 '지속가능한 행복' 만든다
전문가들로 구성된 봉사단이 교육서비스 · 경영컨설팅 도와[30]

"SK 프로보노를 아시나요?"

프로보노(pro bono)는 '공익을 위하여'라는 뜻의 라틴어 약자다. 자신의 재능이나 전문지식을 사회적기업에 전수하는 봉사자들을 수식하는 단어로도 쓰인다. SK그룹은 지난해 9월 대기업 최초로 변호사, 회계사, 경영컨설턴트 등 전문가 200여 명으로 구성돼 사회적기업을 지원하는 'SK 프로보노'를 꾸렸다.

---

30) 출처: 매일경제신문, 2010년 12월 14일자 기사내용.

이들은 사회적기업이 자립할 수 있도록 각종 교육서비스와 경영 컨설팅을 활발히 지원하고 있다. 이후 SK 프로보노 모델은 사회 각계각층으로 전파되어 단순한 기부를 넘어 나눔과 참여문화를 이끌어내고 있다.

SK그룹은 2006년부터 행복도시락센터, 메자닌아이팩, 고마운손 등 64개 사회적기업 설립을 지원할 정도로 나눔경영에서 대표석인 그룹이다.

2005년 말부터 매년 연말이면 'SK행복나눔 계절'을 선포하고 소외이웃들의 겨울나기를 지원한다. 특히 SK행복나눔바자회는 연탄지원, 김장 지원, 소액기부 등과 함께 대표적인 행복나눔 계절 행사로 자리 잡았다.

올해도 11~12월을 '제6회 행복나눔 계절'로 정하고 대대적인 사회공헌활동을 전개하고 있다.

최태원 SK그룹 회장 등 계열사 경영진부터 솔선수범한다. 올해는 특히 사회적기업 지원을 확대했다. 최 회장은 지난달 22일 임직원 20여 명과 함께 서울 용산구 갈월동의 예비 사회적기업 '두바퀴 희망 자전거'를 방문해 폐자전거를 수리하는 봉사활동을 펼쳤다.

'두바퀴 희망 자전거'는 노숙인들의 자활을 돕는 대한성공회 다시서기 상담보호센터가 설립한 예비 사회적기업이다.

버려진 자전거나 기부받은 헌 자전거를 노숙자들이 수리한 뒤 아름다운가게, 벼룩시장 등을 통해 판매해 수익을 올린다.

최 회장은 이날 폐자전거에 대한 전체 작업 공정 가운데 조립 부문을 맡았다. 최 회장은 "어렸을 때부터 물건을 분해했다가 조립하는 일을 즐겨서 자전거 조립이 특별히 어렵지는 않았다."고 말했지만 이마에 구슬땀을 흘리면서 최선을 다해 일했다.

최 회장은 봉사활동을 마친 뒤 임직원들에게 "함께 행복을 만들어가는 것이 진정한 삶과 공동체의 의미를 찾는 길"이라며 "자원봉사 등을 통해 행복을 나누는 일에 SK 구성원들이 적극 동참해 달라."고 당부했다.

이 같은 제안에 따라 SK 사회공헌사무국은 사내 인트라넷 '톡톡'을 통해 방학이 되면 급식이 끊겨 굶는 어린이들을 돕기 위한 소액기부 캠페인을 펼치고 있다.

최 회장은 평소 "SK가 추구하는 '지속가능한 행복'이라는 측면에 잘 부합되는 모델이 사회적 기업"이라며 "물고기 잡는 법을 알려주고, 더 나아가 물고기 잡는 산업을 변화시켜 사회문제 해결을 지원하는 것이 SK가 추구하는 사회적기업의 방향"이라고 설명한다.

지난 8일 서울 용산역 실내광장에서는 '제8회 2010 SK행복나눔바자회'가 열렸다. 이는 국제구호단체인 기아대책이 운영하는 사회적기업 '행복한나눔'과 SK그룹이 매년 함께하는 행사다.

최신원 SKC 회장을 비롯해 김신배 SK 자원봉사단장, 윤석경 SK건설 부회장 등 SK그룹 CEO와 임직원 등이 참여했다.

또 SK텔레시스의 W폰 전 광고모델이었던 가수 비(정지훈), 현 모델인 최시원 씨(슈퍼주니어)도 바자회에 참가해 물품 판매에 나섰다.

아울러 고은아 '행복한나눔' 이사장과 배한성 기아대책 홍보대사, 정태우 씨(탤런트) 등 방송인, 박태환(수영), 최나연(골프), 김은중(축구) 등 SK스포츠단 소속 선수들도 함께했다.

이들은 SK 임직원들이 기증한 만년필과 소형가전 등과 SK 계열사들이 사회적기업에서 구입해 기증한 물품, 의류, 화장품, 도서 등 다양한 생활용품을 판매했다. 판매 수익금 전액은 기아대책을 통해 전국 300여 저소득 가정의 겨울철 난방비로 지원할 예정이다.

SK 계열사 임직원들은 별도의 릴레이 봉사활동에도 적극 나서고 있다.

김신배 SK C&C 부회장과 윤석경 SK건설 부회장은 지난달 19~22일 회사 임직원들과 함께 김장 나누기 봉사활동에 참여했다.

이달 2일에는 박영호 SK 사장이 임직원들과 함께 서울시내 한 복지시설을 방문해 독거노인 등 어려운 이웃들에게 김장 김치를 직접 담가서 전달했다.

이창규 SK네트웍스 사장은 지난달 25일 '아름다운가게'의 공정무역 커피 등을 판매하는 봉사활동을, 이현승 SK증권 대표는 지난달 22일 장애인들이 일하는 경기도 수원의 사회적기업 '나눔의 일터'에서 자동차 세차 봉사를 했다.

권오용 SK 브랜드관리실장은 "최고경영자들도 예외 없이 땀 흘리는 자원봉사를 하며 행복을 나누는 것은 SK의 오랜 전통"이라며 "SK는 앞으로도 진정성 있는 자원봉사, 협력사와의 실질적인 상생경영 실천을 통해 기업에 주어진 사회적 책임을 다할 것"이라고 말했다.

[퀴즈문제]

* 아래의 내용이 맞으면 T, 틀리면 F를 빈칸에 넣어 주세요.

1. 집단소송제란 주식투자자, 특히 소액주주를 보호하기 위한 제도이다. (   )

2. 예금자 보호법은 금융기관의 유동성과 지급능력을 유지하여 신용질서를 유지하기 위한 시스템이다. (   )

3. 대출관행으로 여겨왔던 꺾기는 비윤리적인 행위이다. (   )

[정답] 1. (T)   2. (T)   3. (T)

[요점정리]

1. 금융기관의 윤리적 문제는 아래와 같이 요약된다.
① 자금조달문제
② 자금운영문제
③ 불공정 증권거래 문제
④ 특혜금융과 구제금융문제
⑤ 기업의 금융기관 소유문제
⑥ 편법적인 채무불이행 문제
　⑦ 사금융 문제

⑧ 예금자 보호 문제

2. 불공정 증권거래의 윤리문제
① 시세조정문제
② 일임매매의 문제
③ 신용거래의 관리문제
④ 투자 상담의 문제

3. 보험회사의 윤리적 문제

1) 모집제도 문제
① 자신의 수당에서 가입자에게 커미션 지불
② 모집인에 대한 과열 스카우트 경쟁
③ 상속세를 회피하는 비윤리적인 관행

2) 보증보험문제
① 차입자의 신용도 점검 미비
② 채무불이행의 비용 상승으로 선의의 다수에게 비용전가

4. 회계윤리의 중요성

1) 기업의 회계 관련 종사원
① 가짜 증빙서 작성 금지
② 내용이 틀린 서류를 정확하다고 하는 행위

③ 회계장부 조작금지

2) 회계사의 경우
① 기업의 이해관계자에게 신뢰할 수 있는 정보 제공
② 해당기업의 재무상태를 정확히 표시하고 있다는 것을 증명

[용어정리]

① 집단소송제: 집단소송제란 주식투자자, 특히 소액주주를 보호하기 위한 제도로서, 소액주주가 주가조작, 허위공시, 분식회계 등으로 피해를 입었을 경우, 한 사람이 소송을 제기하여 소송에서 승소를 하면 이와 관련된 동일한 피해자들이 별도의 소송을 하지 않더라도 동일한 보상을 받을 수 있게 한 제도이다.
② 예금자보호문제: 금융기관의 유동성과 지급능력을 유지하여 신용질서를 유지하기 위한 시스템으로 우리나라는 1995년 12월 예금자보호법을 제정하여 2001년 1월 1일부터 시행하고 있다.

[참고문헌]

① 김성수, 『21세기 윤리경영론』, 삼영사, 2009.
② 김 택, 『공기업 윤리경영』, 한국학술정보(주), 2010.
③ 심용아, 『재미있는 윤리경영 이야기』, 서울과학종합대학원.
④ 이관춘, 『윤리경영전략』, 학지사, 2009.
⑤ 이원재, 『전략적 윤리겸영의 발전』, 삼성경제연구소, 2005.
⑥ 임태순, 『경영학원론』, 한국학술정보(주), 2010.
⑦ 임태순 외 2인, 『현대경영학의 개관』, 법문사, 2006.
⑧ 임태순 외 2인, 『현대경영학의 이해』, 법문사, 2002.
⑨ 임태순, 『금융시장』, 한국학술정보(주), 2010.
⑩ 허승호, 『윤리경영이 온다』, 동아일보사, 2004.
⑪ 매일경제신문, 2010년 12월 14일자 기사.

1. 정보와 윤리란 주제로 정보를 윤리적인 측면에서 어떻게 다룰 것인가 하는 문제에 대해 접근해 본다.
2. 윤리적 국제경영활동에 대해 살펴본다.
3. 주요국 진출 시 발생할 수 있는 윤리적인 국제경영의 문제를 조명해 본다.

제12장 정보윤리 · 국제경영윤리

1. 정보와 윤리

국민건강보험 1만 4천여 명 개인정보 유출[31]
: 국민건강보험공단의 사이트가 개인정보유출의 통로로 이용되어 부적절하게 이용되었다.

☐ YTN뉴스(2006. 10.24) 영상 보기

1.1 정보화 사회, 정보윤리의 개념

1) 정보화 사회

경제활동의 영역이 과거의 재화의 생산에 초점이 맞추어진 제조

---

31) 영상출처: YTN뉴스, 2006년 10월 24일.

업(2차산업) 중심에서 정보를 바탕으로 한 지식기반사회로 이동함에 따라 서비스나 정보 및 지식의 중요성이 대두되는 사회가 되어가고 있다.

2) 정보윤리

정보윤리는 정보의 저장기능을 가지고 있는 컴퓨터윤리에서 출발하여 포괄적으로 정보통신, 그리고 정보를 취급하는 개인이나 구성원의 행동규범까지 포함하는 윤리를 정보윤리의 범주에 포함한다.

1.2 정보화 사회의 윤리

1) 정보윤리의 중요성

인터넷과 정보통신기술에 의존하는 정보화 사회는 우리의 일상생활과 사회 모든 분야에서 변화를 초래하고 있으나, 이런 정보화는 순기능과 동시에 역기능을 가지고 있기에 정보윤리의 중요성이 증대되고 있다.

2) 정보화 사회의 기본욕구

① 비밀성: 접근통제, 암호화
② 무결성: 정보가 원래대로 유지되어야 함, 비인가자에 의한 내용변조 보호
③ 인증
④ 가용성: 데이터의 백업

1.3 정보화 사회의 윤리문제

메이슨 교수는 PAPA(Privacy, Accuracy, Property, Access)로 정리함

1) 프라이버시(Privacy)

예시) 정보기술의 발달로 프라이버시가 침해당할 소지가 많다
경영자가 의사결정 시 프라이버시인 줄 알면서도 정보를
이용할 수 있다.
근무자의 근무상태 감시

2) 정확성(Accuracy)

예시) 정확치 않은 정보로 혼란을 야기할 수 있다.

3) 재산권(Property): 정보재산권

예시) 제작된 정보자료는 복사하기 쉽다
복사를 하여도 원본이 손상되지 않아 방지가 어렵다.

4) 접근성(Access): 인가 절차를 거치지 않은 사람의 접근 불허

1.4 정보윤리 영역

① 정보에 대한 권리·의무, 프라이버시
② 지적소유권
③ 컴퓨터 관련 범죄와 보완-해킹, 악성프로그램, 자금절도, 데이

터변조 등

④ 책임과 통제

⑤ 컴퓨터전문가의 직업윤리

⑥ 시스템, 소프트웨어의 품질과 정확성

2. 국제경영과 윤리(I)

2.1 국제화의 필요성 및 윤리적 국제경영

1) 국제화의 필요성

(1) 공격적인 이유

① 새로운 시장의 개척

② 보다 많은 이익의 획득

③ 국내 및 국외 시장을 위한 상품생산

④ 기업확장에 대한 경영자의 욕구

(2) 방어적인 이유

① 국내시장의 보호

② 해외시장의 보호

③ 원자재 공급의 보장

④ 기술의 획득

⑤ 지역적 다각화

⑥ 안정된 생산기지의 탐색

2) 국제기업 경영자의 윤리관

① 상대주의론

② 목적론

③ 의무론

* '나는 의무론자이다' 한국-52%, 일본-58%

2.2 국제기업의 윤리성과 수익성

1) 윤리성과 수익성의 매트릭스

· x축: 이익수준 · y축: 윤리수준

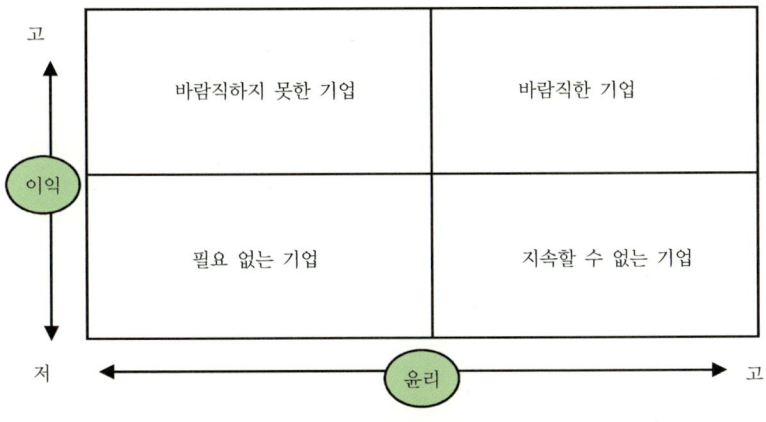

〈그림 12-1〉 윤리성과 수익성

① 低윤리-低이익의 기업: 필요 없는 기업

② 高윤리-低이익의 기업: 지속할 수 없는 기업

③ 低윤리-高이익의 기업: 바람직하지 못한 기업

④ 高윤리-高이익의 기업: 바람직한 기업

2) 高윤리-高이익 기업의 4대 원칙

① 제1원칙: 기업 이해관계자들과 원활히 소통한다.

② 제2원칙: 공정성을 지킨다.

③ 제3원칙: 비윤리적 행위는 결정한 개인에게 책임이 있다.

④ 모든 원칙: 기업의 목적을 그 기업이 사회에 존재하는 '사명' 면에서 본다.

3) 기업윤리 수준제고와 기업이익

〈표 12-1〉 기업윤리 수익 면과 경영관리 면 국제비교

효과	한국 경영자 의견	일본 경영자 의견
수익 면		
장기적 이익	228(80.6%)	200(63.3%)
단기적 이익	2(0.7%)	3(0.9%)
이익과 무관	53(18.7%)	113(35.8%)
합계	283(100%)	316(100%)
경영관리 면		
근로자태도	227(81.9%)	149(47.2%)
작업규율	33(11.9%)	72(2.8%)
무관	17(6.2%)	95(30.1%)
합계	277(100%)	316(100%)

2.3 비윤리적 형태

1) 현지국 법규의 위반

① 뇌물의 제공
② 세금의 포탈
③ 정부전복기도
④ 비합법적 정권의 지지

2) 현지국 규범의 위반

① 불평등 계약
② 불공정한 노사 협정
③ 불공정 거래의 강요
④ 특혜조치 요구

2.4 국제기업의 윤리실천 방안

1) 장기이익지향

기업윤리의 효과는 기업의 장기적 이익에 반영되기에 기업의 단기적 이익이 희생될 수 있다. 따라서 아래와 같은 이익의 질이 중시되어야 한다.

① 기업윤리를 '자산'으로 생각하여야 한다.

② 기업윤리가 기업이미지와 연관이 있다는 확신이 필요하다.

③ 강한기업보다 선한기업을 지향하여야 한다.

④ 영업성과를 따질 때 이익의 양보다 이익의 질을 중시하여야 한다.

2) 윤리강령과 종업원 행동지침의 무국적화

윤리강령이 국내용과 국제용이 따로 존재하지 않고, 국제공통용
어라야 한다.

3) 개인책임의 명문화

종업원과 관리자들이 비록 회사를 위하여 비윤리적인 행위를 하
였더라도 그 책임은 개인이 져야 한다는 점을 명문화 할 필요가
있다. 만약 그렇지 않다면 '회사를 위해서'라는 명분 아래 온갖 비
윤리적인 행위가 자행될 수 있다.

4) 내부고발의 의무화

동양적인 풍토 속에서 실천하기 어려운 것이 내부고발인데, 기업
윤리주순의 향상을 위해서는 반드시 기업 내에서 비윤리적인 행위는
이를 알게 된 종업원이 고발을 의무화하게 행동지침에 명시할 필요
가 있다.

3. 국제경영과 윤리(II)

3.1 글로벌 경제의 윤리적 이슈와 대응방안[32]

1) 종교 및 문화 측면
종교단체와의 대립으로 기업이 얻을 수 있는 것은 없음
　　예) 1997년 나이키사의 로고가 아랍어 '알라'를 지칭하는 문자
　　　　와 유사하여 이슬람교의 모독성에 휘말려 판매된 운동화
　　　　3만 8천 켤레를 리콜하고 사과하는 사건이 발생함

2) 부패와 뇌물
뇌물은 상황에 따라 비즈니스의 필수적 요소이며 현지에서 관습
으로 통용되는 경우 불가피한 세금, 커미션, 또는 보상이라고 간과
될 수 있음

3) 동양사회에서 선물수수 관행은 어느 정도 수용 가능
선물과 뇌물은 구분되어야 하고, 선물의 경우 관행상 용인되는
수준이라면 거절하는 것이 오히려 성의를 무시하는 것이 될 수도
있기에 회사 차원에서 수령하고 이를 활용(현관전시, 기부 등)하는
것이 현명함

---

32) 출처: 대한상공회의소, 2006년 10월 31일자 자료.

4) 인권 및 환경문제

① 아동노동, 저임금 등 초국적 기업이 직면하는 윤리이슈

    예) 나이키, 갭, 리바이스 등과 같은 의류회사는 생산비용이
        저렴한 글로벌 소싱을 활용하기 때문에 시민단체들로부
        터 비판에 직면할 우려가 있음

② 선진국에서 금지된 품목을 개도국 등 해외에서 판매하는 행위

    예) 화학물질, 핵폐기물을 저개발 국가에 폐기하는 행위

3.2 주요국의 기업윤리 현황과 특징

1) 미국: 법과 제도를 통한 규율에 중점

① 미국은 1980년대를 거치면서 정부차원의 법적 규제 및 지침
   이 형성되어 현재는 가장 선진화된 이론적, 실무적 윤리경영
   시스템을 구축하고 있음

② 윤리경영에 대한 정부 규제가 엄격하고 기준이 미국식 경영
   관행과 규범을 근간으로 하고 있어서 대비가 미흡한 외국기
   업에겐 가혹한 처벌사례가 발생함

   예 1) 파이어스톤사는 15인치짜리 타이어 결함을 인정하지 않
        다가 650만 개의 리콜을 결정한 경험이 있음

   예 2) 1999년 도시바 역시 제품의 결함 가능성을 무시하다가

2000년 10월 결국 3,350만 달러를 보상한 경험이 있음

2) EU: 자율준수가 원칙이지만 노동, 환경은 엄격

① 기본적으로 기업들의 자발적인 참여와 협력을 강조함
② 국가별로 다양한 역사저 배경을 가지고 있어 미국식의 일률적인 규제는 곤란하나 윤리경영에 대한 정보공개와 평가를 통해 기업의 사회적 책임을 확산하는 추세
③ '자발적 준수'라는 원칙과 별개로 노동자의 권익 보호나 환경 관련 규제는 강화하고 있음
   예) 2006년 7월부로 '유해물질사용규제 법안'이 발효됨

3) 중국: 윤리경영 관행에 대한 인식 미흡

① 1978년 개혁, 개방 정책으로 시장경제로의 전환이 본격화되었으나, 기업윤리 측면에서 아직은 낙후된 모습을 보임
② 국제 투명성 기구조사에서 부패인식지수가 2000년 63위에서 2005년 78위로 오히려 순위가 하락함
③ 현재 지적재산권문제, 뇌물수수, 환경문제 등 해결해야 할 이슈가 산적함
④ 중국은 감독과 법집행이 느슨한 반면, 외국기업과 자국민의 이해가 충돌할 경우 외국기업에 불리하게 윤리적 잣대를 적용하는 경향이 있어서 주의가 요망됨

4) 일본: 민간 경제단체 주도의 윤리경영 확산

① 1960~1980년대 고도 경제성장 과정에서 기업의 사회적 폐해에 따른 비판여론과 함께 윤리경영의 범위가 확대

② 1990년대 기업부정 사건들이 발생하면서 윤리경영에 대한 관심이 고조되고 기업들의 인식도 변화

　예) 미쓰비시자동차의 성희롱사건(1997), 불량부품 은폐사건

　　(2000년)

③ 정부차원의 법적 규제보다는 사회규범 차원에서 민간자율의 윤리경영 실천이 주를 이루며, 이 과정에서 민간 경제단체가 주도적 역할을 수행

　예) 일본경제단체연합이 1991년 '기업행동헌장' 제정,

　　전국은행협회연합회가 1997년 '윤리헌장' 제정

■ 심화학습 ■

허창수, 만석꾼 손자에서 재계 대통령까지

조부는 독립운동 자금 대던 효주(曉州) 허만정[33]
빈재 많은 전경련 이끌 적임자

조석래 회장이 건강문제를 이유로 사의를 표명한 지 7개월여 만에 우여곡절을 거쳐 허창수(63) GS그룹 회장이 제33대 전국경제인연합회(전경련) 회장으로 추대됐다.

허 회장이 이끄는 GS그룹은 재계 서열 7위로, 24~25대 회장이었던 김우중 전 대우 회장 이후 재계 서열 10위 이내 그룹 회장이 전경련의 수장을 맡게 된 것은 12년 만이다.

허 회장의 취임이 2000년대 들어 "예전 같지 않다."는 평을 받아왔던 전경련의 위상을 높여줄 수 있을 것으로 기대되는 것도 그 때문이다.

허 회장은 오는 24일 전체 회원이 참석한 가운데 열리는 전경련 정기총회에서 임기 2년의 차기 회장으로 공식 선임될 예정이다.

◇ 뿌리 깊은 명문가…만석꾼의 손자

허 회장의 조부는 일제 때 독립운동 자금을 댔던 만석꾼 효주(曉州) 허만정이다.

---

33) 출처: 매일경제신문, 2011년 2월 20일자 기사내용.

경남 진주의 만석꾼이었던 허만정은 독립운동 자금을 대고 학교(진주여고)를 지었으며, 곤궁한 소작농과 주민들에게는 쌀을 나눠줬다.

대신 인근 방어산에서 돌을 가져오게 해 마당에 쌓게 했는데, 지금도 허만정의 생가인 진주시 지수면 승산리에 가면 '금강산'이란 이름으로 남아있는 이 돌더미를 볼 수가 있다.

허만정은 삼성·LG의 창업에도 돈을 댔다.

6촌의 사위인 구인회 LG 창업주가 LG의 전신인 '락희상회'를 설립할 때는 3남 준구를 참여시키면서 종자돈을 댔고, 이병철 삼성 창업주가 삼성을 세울 때는 종자돈과 함께 장남 정구를 보냈다.

이렇게 한국 자본주의의 뿌리는 허씨 집안의 내력과 연결된다.

1947년 시작된 구씨와 허씨의 동업관계는 3대에 걸쳐 57년간 이어지다가 2004년 7월 LG그룹에서 GS그룹이 분리되면서 마무리됐으나 양 집안은 지금도 좋은 관계를 유지하고 있다.

허 회장은 구인회 LG 창업주와 함께 사업을 시작한 허준구 전 LG건설 명예회장의 장남이다.

허 회장은 1995년 구자경 명예회장의 퇴임에 맞춰 구-허씨 양가의 창업세대 경영진이 경영일선에서 물러남에 따라 허준구 명예회장의 뒤를 이어 LG전선 회장으로 선임됐으며 2004년 GS그룹이 LG그룹에서 분리되면서 지주회사인 GS홀딩스 회장으로 취임했다.

◇ 소탈한 성품, 몸에 밴 부지런함

허 회장을 만나본 사람들은 재벌 회장답지 않은 그의 소탈하고 온화한 인품에 놀라게 된다.

온화한 성품에 매너도 깔끔해 '영국신사'로 불린다.

신의를 무엇보다 중요시해 약속이 있으면 꼭 정해진 시간보다 5~
10분 일찍 도착하는 것으로도 유명하다.

웬만해서는 넥타이를 잘 매지 않고, 걷기를 좋아해 틈이 날 때마
다 역삼동 GS타워 주위를 산책하며 경영 구상을 한다.

GS그룹 소유인 삼성동 인터콘티넨탈호텔에서 점심약속이 있으면
역삼역에서 지하철 2호선을 타고 삼성역까지 갔다가 돌아올 때는
일부러 테헤란로를 타고 선릉역까지 걸어와 선릉역에서 지하철을
타고 역삼역으로 오기도 한다.

임직원들에게 만보계나 마사이워킹화를 사주고 "많이 걸어라"고
권할 정도다.

한번은 이를 우연히 본 한 네티즌이 대기업 총수가 비서과장 한
사람만 대동하고 지하철을 타고 이동하는 것을 보고 다소 의외라
며 자신의 개인 블로그에 사연을 올리기도 했다.

허 회장은 골프를 칠 때도 거의 전동카트를 타지 않는다.

GS그룹의 한 임원은 "꽤 높낮이가 있는 엘리시안 강촌CC에서
여러 차례 골프를 쳤지만 카트를 타는 것을 한 번도 보지 못했다.
이 때문에 동반자들도 함께 걷곤 한다."고 전했다.

새벽 5시면 일어나는 전형적인 아침형 인간이기도 하다. 새벽 5
시에 일어나 자신이 정한 프로그램에 맞춰 스트레칭, 근력운동, 유
산소운동 등을 적절히 안배해 체력 관리를 하는 등 철저한 건강관
리로도 잘 알려져 있다.

체력이 좋고 힘이 장사여서 운동은 무엇이든 잘하고 골프는 핸
디가 싱글 수준이다.

LG상사 재직 시절 홍콩과 일본 도쿄(東京)지사에서 근무한 경력

등으로 인해 영어와 일어가 능통해 매일같이 월스트리트저널과 파이낸셜타임스, 일본 경제잡지를 탐독하면서 해외 경제·경영 정보를 끊임없이 수집하는 것으로도 이름났다.

프로축구 FC서울의 구단주를 맡을 정도로 축구에 대한 사랑도 남다를 뿐만 아니라 각종 디지털기기와 신기술의 수용에도 적극적인 재계의 대표적 '얼리어답터'로 알려져 있다.

조부의 '노블레스 오블리주(가진 자의 사회적 책임)' 정신을 이어받아 지금까지 총 212억 원 규모에 달하는 주식 23만 2,260주를 자신의 사재로 설립한 남촌재단에 출연해 소외계층 환자를 위한 의료사업과 저소득층 자녀의 교육을 위한 장학사업에 쓰고 있다.

◇ 전경련 위상변화 이끈다

이병철 삼성 창업주가 초대 회장을 지낸 전경련은 한때 재계를 대표하는 단체였으나 2000년대 들어 10대 그룹 이외의 총수들이 회장 자리에 오르면서 "위상이 예전 같지 않다."는 평을 들었다.

2007년 조석래 회장이 취임할 때는 회장을 맡겠다는 사람이 없어 1개월 넘게 회장이 공석인 상태로 지내야 했다.

이번에도 조 회장이 건강문제를 이유로 사의를 표명한 뒤 7개월 가까이 차기 회장을 추대하기 위해 동분서주했으나 주요 그룹 회장들이 한결같이 고사하는 바람에 2007년의 재판이 되는 것 아니냐는 우려를 키워왔다.

전경련이 조 회장이 사의를 표명한 직후부터 재계 1위인 삼성의 이건희 회장을 차기 회장으로 추대하고자 그토록 공을 들였던 것도 전경련에 대한 이 같은 세간의 평가를 의식했기 때문이었다.

그러다가 차기 전경련 회장을 뽑는 정기총회를 불과 일주일 앞 둔 시점에서 극적으로 재계 7위인 GS그룹의 허 회장이 차기 회장 으로 사실상 내정되자 "재계의 해묵은 숙원이 풀렸다."는 평가가 나오고 있다.

하지만 허 회장을 둘러싸고 있는 상황은 그리 녹록지 않은 실정이다.

무엇보다 추락할 대로 추락한 전경련의 위상을 바로 세워야 할 막중한 책임이 그의 두 어깨에 걸려 있다.

여전히 일반 서민이나 국민들의 정서와는 괴리가 있어 '그들만 의 리그'라는 평가를 받기도 했던 전경련의 '재벌스러운' 이미지를 개선해야 할 책임도 그가 져야 한다.

과거 '노블레스 오블리주'를 몸소 실천해 칭송을 받았던 효주의 피를 이어받은 허 회장의 행보에 더욱 관심이 쏠리는 것도 그 때 문이다.

정부와의 관계설정도 관심거리다.

정부와 재계는 주기적으로 협력과 갈등관계를 되풀이해왔다.

정부는 그동안 필요에 따라 재계의 적극적인 협력을 요청하기도 했고, 경우에 따라서는 서슬 퍼런 사정의 칼날을 휘두르기도 했다.

현재 상황도 그리 만만치 않다.

전세 값과 기름 값 등 물가 오름세가 국민 생활에 큰 위협이 되자 정부 관계자들이 번갈아 나서 '대기업 때리기'에 나서고 있는 형국이다.

당장 정유업과 통신업을 근간으로 하는 SK와 신세계, 롯데 등 유통업계를 기반으로 한 대그룹들이 궁지에 몰려 있다.

GS그룹 계열사인 GS칼텍스도 정부의 압박으로부터 자유롭지 않다.

전경련 내부 회원사들 간 불화와 갈등도 풀어야 할 숙제다.

허 회장과 동업관계였던 LG그룹 구본무 회장만 해도 1999년 대기업 간 '빅딜' 과정에서 전경련이 LG반도체를 당시 현대전자(하이닉스반도체의 전신)에 넘기도록 중재안을 내놓았던 것에 반발해 10년 넘게 전경련 행사에 나오지 않고 있다.

재계에서는 이처럼 해묵은 전경련의 난제를 푸는 데에 재계에 폭넓은 인맥과 원만한 관계를 유지하고 있는 허 회장이 누구보다도 적임자라고 보고 있다.

재계 관계자는 "허 회장이 결정은 신중히 하되 일단 정해지면 최선을 다하는 스타일인 만큼 화합의 리더십을 발휘해 전경련의 해묵은 난제들을 원만히 풀어나갈 것으로 기대한다."고 말했다.

[퀴즈문제]

* 아래의 내용이 맞으면 T, 틀리면 F를 빈칸에 넣어 주세요.

1. 정보윤리는 정보의 저장기능을 가지고 있는 컴퓨터윤리에서
   출발하여 포괄적으로 정보통신, 그리고 정보를 취급하는 개인
   이나 구성원이 행동규범까지 포함하는 윤리이다. (   )

2. 기업윤리의 효과는 기업의 장기적 이익에 반영되기에 기업의
   단기적 이익이 희생될 수 있다. (   )

3. 윤리강령이 국내용과 국제용이 따로 존재하지 않고, 국제공통
   용어라야 한다. (   )

[정답] 1. (T)   2. (T)   3. (T)

[요점정리]

1. 경제활동의 영역이 과거의 재화의 생산에 초점이 맞추어진 제
   조업(2차산업) 중심에서 정보를 바탕으로 한 지식기반사회로
   이동함에 따라 서비스나 정보 및 지식의 중요성이 대두되었다.

   정보윤리는 정보의 저장기능을 가지고 있는 컴퓨터윤리에서 출
   발하여 포괄적으로 정보통신, 그리고 정보를 취급하는 개인이
   나 구성원의 행동규범까지 포함하는 윤리를 정보윤리의 범주

에 포함한다.

1) 정보화 사회의 기본욕구
① 비밀성
② 무결성
③ 인증
④ 가용성

2. 비윤리적 형태
* 현지국 법규의 위반
① 뇌물의 제공   ② 세금의 포탈
③ 정부전복기도   ④ 비합법적 정권의 지지

* 현지국 규범의 위반
① 불평등 계약   ② 불공정한 노사 협정
③ 불공정 거래의 강요   ④ 특혜조치 요구

3. 미국: 법과 제도를 통한 규율에 중점
   EU: 자율준수가 원칙이지만 노동, 환경은 엄격
   중국: 윤리경영 관행에 대한 인식 미흡
   일본: 민간 경제단체 주도의 윤리경영 확산

[용어정리]

① 정보윤리: 정보윤리는 정보의 저장기능을 가지고 있는 컴퓨터 윤리에서 출발하여 포괄적으로 정보통신, 그리고 정보를 취급하는 개인이나 구성원의 행동규범까지 포함하는 윤리를 정보 윤리의 범주에 포함한다

[참고문헌]

① 김성수, 『21세기 윤리경영론』, 삼영사, 2009.
② 김 택, 『공기업 윤리경영』, 한국학술정보(주), 2010.
③ 심용아, 『재미있는 윤리경영 이야기』, 서울과학종합대학원.
④ 이관춘, 『윤리경영전략』, 학지사, 2009.
⑤ 이원재, 『전략적 윤리경영의 발전』, 삼성경제연구소, 2005.
⑥ 임태순, 『경영학원론』, 한국학술정보(주), 2010.
⑦ 임태순 외 2인, 『현대경영학의 개관』, 법문사, 2006.
⑧ 임태순 외 2인, 『현대경영학의 이해』, 법문사, 2002.
⑨ 임태순, 『글로벌경영』, 한국학술정보(주), 2011.
⑩ 허승호, 『윤리경영이 온다』, 동아일보사, 2004.
⑪ 대한상공회의소, 2006년 10월 31일자 자료.
⑫ YTN뉴스 2006년 10월 14일자 영상.
⑬ 매일경제신문, 2011년 2월 20일자 기사.

부록 1. 윤리 · 환경 없인 미래 없다

세계 77개국 모여 ISO26000 국제표준 제정[34]
국내 기업도 서둘러 사회적 역할 정립 노력 기울일 때

기업의 사회적 책임(CSR)을 포함하는 개념인 지속가능경영은 선택이 아닌 필수가 됐다. 기업들은 전통적으로 중요하게 여겼던 매출, 이익 등 재무성과뿐 아니라 윤리, 환경, 사회문제 등 비(非)재무성과까지 챙겨야 하는 시대가 됐다. 아직도 일부 기업들은 지속가능경영 요구 압력을 비용의 관점으로 인식하고 있다. 이는 단기 재무적 영향을 중심으로 기업평가가 진행되는 투자환경과 지속가능경영의 본질을 명확히 이해하지 못한 결과다. 대한상공회의소가 최근 국내 매출액 100대 기업을 대상으로 실시한 '국내 100대 기업

---

34) 출처: 동아일보, 2011년 2월 21일 기사내용.

지속가능경영 실태조사'에서도 이 같은 경향은 나타난다. 전체 응답자의 절반을 조금 넘는 51.6%만이 지속가능경영 전담 부서를 갖추고 있는 것으로 조사된 것이다. 지속가능성 보고서를 발간하는 기업도 44%에 그쳤다. 그러나 경쟁력 있는 일류 기업들은 지속가능경영을 사회 환원을 통해 베푼다는 단순한 차원이 아니라, 기업의 가치를 지속적으로 높이기 위한 지상 과제로 여긴다.》

○ 다양한 위협 요소 효과적 관리

기업은 지속가능경영의 실천을 통해 다양한 위협요소를 효과적으로 관리할 수 있다. 리스크 관리에 실패해 기업의 이미지, 영속성에 치명적인 영향을 준 사례는 어렵지 않게 찾을 수 있다. 글로벌 기업 나이키는 1990년 축구공을 생산할 때 아시아 협력회사 국가의 아동 노동력을 착취했다는 비난으로 기업 이미지가 실추된 것은 물론이고 영업이익도 37%나 하락했다. 또 일본의 소니는 2001년 말 유럽시장에 출시한 플레이스테이션2(PS2)에서 중금속인 카드뮴이 법적 기준치 이상으로 검출됐다는 이유로 2,000억 원의 손실을 봤다. 세계적인 에너지기업 엔론이 분식회계로 파산한 것은 너무나 유명하다.

이 같은 폐해를 겪은 국제사회는 2005년부터 77개 국가의 정부 관계자, 기업 등 전문가들이 모여 5년 동안의 회의 끝에 'ISO 26000'이라는 국제표준을 만들어냈다. 기업의 사회적 책임 혹은 지속가능경영에 관한 것이다. △환경 △인권 △노동 △지배구조 △공정한 업무 관행 △소비자 이슈 △지역사회 참여 등 7개 분야에서 가이드라인을 제시한 ISO 26000은 비록 강제성은 없지만 점차 국제 상거래 표준으로 자리 잡으면서 기업 경영평가에 중요한 잣대가 되고 있다.

○ 지속가능경영을 위한 ISO 26000

지난해 ISO 26000이 만들어졌지만 아직 국내 기업들의 대응은 미진한 것으로 보인다. 지난해 대한상공회의소가 국내 100대 기업을 조사한 결과 응답기업의 31.2%만 'ISO 26000에 대응하고 있다'고 답했고 '계획 중'이라는 기업은 46.9%, '대응하지 않고 있다'는 대답도 21.9%나 됐다.

지속가능경영은 고객, 소비자, 정부, 비정부기구(NGO), 투자기관 등 다양한 이해관계자의 요구에 효과적으로 대응할 수 있는 시스템이다. 글로벌 시장에서 다국적 기업들은 차별화된 지속가능경영 전략을 기반으로 녹색제품, 친환경 공급망관리(SCM) 정책을 바탕으로 지속가능 요소를 사업의 필수 조건으로 반영하고 있다.

지속가능경영 활동을 위해서는 먼저 이해관계자들의 기대와 요구가 무엇인지 밝히는 데 열중해야 한다. 그 다음으로 전담부서를 구성하고, 상호 기능보완이 가능한 팀을 설치하고 회의를 조직해야 한다. 차별화된 지속가능경영을 위해 단계적인 실행 프로세스를 개발하고 단계별 과정을 이행해야 하며, 각 단계에서 무엇을 성취할 수 있는지 현실적인 목표를 수립하고 방향 설정을 명확히 해야 한다. 경영진과 임직원들에게 정기적으로 피드백을 제공하는 것도 필요하다.

○ 대기업 중심으로 차별화된 지속가능경영

서울 주요 20개국(G20) 정상회의 이후 우리 경제의 위상은 크게 높아졌다. 또 무역 1조 달러의 경제대국 진입을 앞둔 만큼 국제사회의 지속가능경영 요구에 능동적으로 대처해야 할 필요가 있다. 다행히 국내 대기업들을 중심으로 다양한 형태의 지속가능경영이 이뤄지고 있다.

삼성전자는 국내 최대 기업의 위상에 걸맞은 사회적 책임을 다하기 위해 사회공헌 활동과 친환경 경영, 협력업체와의 상생협력 등을 지속적으로 실천하고 있다. 삼성의 사회공헌은 국내외 자원봉사는 물론이고 사회복지, 학술교육 등에 이르기까지 다양하다. 2009년 기준으로 총 1,466억 원이 사회공헌 활동에 투입됐으며, 약 90%의 국내 임직원이 참여했다.

정부와 함께하는 사업도 있다. LG전자는 지난해 말 고용노동부, 환경부와 협약을 맺고 사회적기업을 발굴해 적극 후원하기로 했다. LG전자는 정부와 함께 올해 안에 경영자 교육 프로그램과 생산성 향상 컨설팅 프로그램 개발 등 준비를 마치고 내년부터 본격적으로 지원을 시작할 계획이다. 롯데백화점은 보건복지가족부와 함께 출산율 저하를 극복하기 위한 사회공헌 프로그램에 매진하고 있다. 이는 인구 감소가 내수산업의 기반인 국내 소비층의 약화, 나아가 붕괴를 가져올 수 있다는 위기의식과도 맥이 닿아 있다. 유통 최고 기업 롯데로서는 출산율 유지 또는 증가가 신규 수익 창출과 지속가능경영에 없어서는 안 될 필수 사안이기 때문이다.

에너지 기업들은 각각의 영역에서 특화된 지속가능경영을 실천하고 있다. 국내 업계 1위인 SK이노베이션은 해외 자원개발 분야에 진출해 베트남, 페루, 브라질 등지에서 사업을 잇달아 성공시킴으로써 세계 시장에서도 주목받는 기업으로 성장했다. 최근에는 전기차용 배터리, 정보 전자소재, 그린폴(Green-Pol) 등의 미래에너지 개발에 집중해 기술 선도기업의 역할을 하고 있다. GS칼텍스도 녹색 에너지를 향한 발걸음을 서두르면서 지속가능성장과 친환경이라는 두 마리 토끼를 잡고 있다. 정부의 저탄소 녹색성장 정책에 적극적으로 대응하는 동시에 회사의 미래 성장 동력 확보를 위해 신재생에너지 사업을 차세대 성장 동력의 하나로 선정하고 연료전지 및 탄소소재 분야 등에 적극적으로 투자하고 있다.

ISO 26000

기업의 사회적 책임 관련 국제규정

분야	내 용
조직 거버넌스	사회적 책임 원칙을 존중하고 기존의 사업관행에 통합하는 활동
인권	조직의 인권을 존중하고 보호하며 준수하는 활동
노동관행	협력업체 근로자의 노동환경에 영향을 미치는 정책과 관행 개선 활동
환경	환경에 미치는 영향을 최소화하기 위한 노력, 환경보호와 개발이익 등 모든 활동을 종합적으로 고려해 접근하는 활동
공정운영관행	조직과 파트너, 공급자 등 조직 간 거래의 윤리적 행동에 관심을 두는 활동
소비자 이슈	소비자교육, 공정하고 투명한 마케팅 정보와 계약 등 소비자 권리 보호 활동
지역사회 참여와발전	`지역사회의 권리를 인식하고 존중하며 그 자원과 기회를 극대화하려고 노력하는 활동

사회적기업 후원… 기아구제 사업

사회적기업 후원, 아프리카 및 아시아 기아 구제 사업, 직원 기(氣)살리기 프로그램, 자녀 영어캠프 운영…. LG전자의 지속가능경영 활동은 다양하다.

이 중 사회적기업 후원은 LG전자 노사가 정부와 손잡고 시작한 사업이다. 지난해 말 LG전자가 서울 영등포구 여의도 LG트윈타워에서 고용노동부, 환경부와 협약을 맺고 사회적기업을 발굴해 적극 후원하기로 한 것이 시발점이다.

LG전자는 정부와 함께 올해 안에 경영자 교육 프로그램과 생산성 향상 컨설팅 프로그램 개발 등 준비를 마치고 내년부터 본격적으로 지원을 시작할 계획이다. 특히 '다자간 협력모델을 통한 사회적 기업 활성화 지원사업'을 제시하고 사회적 기업을 선정해 내년부터 3년간 80억 원을 들여 다양한 지원활동을 펴기로 했다.

LG전자는 녹색성장 분야의 사회적 기업을 대상으로 재정과 판로 개척을 집중 지원하고 노동조합이 참여하는 장점을 살려 생산성 향상 컨설팅도 진행할 계획이다.

아프리카에서 진행해 온 기아 구제 사업은 아시아로 확대했다. 지난해 사회기반시설 확충과 일자리 제공에 초점을 맞춘 'LG희망가족' 프로그램을 방글라데시와 캄보디아에서 시작하기로 한 것.

유엔 세계식량계획(WFP)과 맺은 협약에 따라 LG전자는 내년부터 캄보디아와 방글라데시에서 'LG희망가족' 1만 2,000가구를 선정하고 이들과 함께 마을 인프라 구축사업을 시작한다.

이 사업은 홍수 대비 지반 상승 작업, 도로 건설, 배수로 구축 등 자연재해를 방지하기 위한 활동 위주로 진행되며 LG전자는 이 사업에 참여한 'LG희망가족'에게 식량과 임금을 제공한다. LG전자는 케냐 나이로비 지역과 몸바사 지역 13개 학교를 'LG희망학교'로, 에티오피아의 티그라이, 암하라, 오로미아 등의 마을을 'LG희망마을'로 지정하는 등 아프리카에서는 이미 기아 구제 활동을 전개해 오고 있다.

LG전자는 또 민간기업 가운데는 처음으로 환경 분야의 노벨상이라 불리는 지구환경대상을 후원하고 있다. 유엔환경계획(UNEP)이 세계 환경정책을 이끄는 글로벌 리더나 자원효율성을 높인 개척가에게 주는 지구환경대상은 2005년 시작돼 올해 7회째를 맞는다.

생산 과정에서 나오는 온실가스 감축에도 적극적이다. LG전자의 지난해 온실가스 감축량이 1,000만t에 이른다. 2007년 기준 연간 항공부문 이산화탄소 배출량이 897만t이니 지난해 LG전자가 감축한 온실가스는 한국의 모든 항공기에서 1년 동안 배출하는 온실가스보다 많은 셈이다. 이에 따라 LG전자는 생산단계에서 13만t 이상, 사용단계에서 1,000만t 이상을 감축해 2012년까지 온실가스 1,200만t을 감축한다는 중장기 목표를 앞당길 것으로 예상하고 있다.

LG전자 관계자는 "생산단계에서 사업장 내 온실가스 감축설비 투자, 생산과정 낭비 제거 등의 활동과 사용단계에서 고효율 제품 개발 및 판매로 목표를 초과달성할 수 있었다."고 말했다.

기업 운영으로 얻은 수익금, 사회와 나눠요

한화그룹의 지속가능경영은 창업이념인 '사업보국(事業報國)'에도 그대로 드러나 있다. 말 그대로 기업 운영을 통해 얻은 수익으로 국가에 보탬이 되겠다는 것이다.

한화그룹은 2002년 창립 50주년을 맞아 본격적인 사회공헌을 위해 전담 조직을 갖췄고, 2007년 10월 창립 55주년을 맞아 보다 체계적이고 규모 있는 사회공헌활동을 하기 위해 사회봉사단을 창단했다. '사랑의 친구, 미래의 친구'라는 슬로건 아래 사회복지, 문화예술, 자원봉사 등 여러 분야에서 다양한 사회공헌활동을 전개하고 있다.

한화그룹은 기관이나 단체에 대한 재정적 지원과 더불어 임직원이 함께 참여하는 사회공헌활동을 펼치고 있다. 임직원들이 자발적으로 기부한 기금에 회사가 추가로 기부하는 '매칭그랜트 제도'와 임직원들이 언제라도 소외된 이웃들을 찾아 자원봉사를 할 수 있도록 '유급 자원봉사 제도'를 운영하고 있다.

또 전국 70여 개의 각 사업장에 2003년부터 사회공헌 담당자를 두고, 분기별 운영위원회를 열어 투명하고 조직적인 사회공헌활동을 펼치고 있다. 그 결과 임직원들의 자원봉사활동 참여율이 88%, 사회공헌 기금 참여율이 93%에 이른다.

한화그룹은 제조·건설, 금융, 서비스·레저 등 세 사업부문이

서로 시너지를 이뤄 끊임없이 성장하는 것처럼 모든 사회공헌활동들이 각 사의 역량과 지역적 욕구, 프로그램들 간의 유기적인 조화들을 고려해 기획되고 있다.

첨단 과학과 기술사업의 특성을 살려 ㈜한화의 화약 부문에서는 어린이들을 과학 꿈나무로 키우기 위한 지원을 하고 있고, 한화 L&C의 한화건설은 저소득 가정이나 시설에 주거환경 개선 사업을 실시하고 있다.

금융 부문에서는 한화금융네트워크의 경제도서관 만들기, 한화손해보험의 교통사고 유자녀 지원사업 등을 통해 이웃사랑을 실천하고 있으며, 한화호텔앤드리조트의 '1문화재 1지킴이' 사업, IT 전문기업인 한화S&C의 저소득 아동 IT 인재 육성 지원 등 각 계열사에서 특색 있는 사회공헌활동을 진행하고 있다.

대표적인 사업으로 약 3년간 36억 원을 지원하는 그룹 공통자원봉사 프로그램인 'Happy Tomorrow'사업은 전 임직원이 참여하는 자원봉사 프로그램으로, 현재 '저소득층 아동 문화예술교육'과 '장애아동 사회적응' 프로그램이 운영되고 있다.

문화예술 분야에서는 2000년부터 11년째 후원해온 '예술의 전당 교향악축제', 2004년부터 매년 지방도시들을 찾아 실시하는 '찾아가는 음악회', 2006년부터 열고 있는 '청계천 문화예술마당'을 운영하고 있다.

한화그룹은 사회공헌사업을 국내뿐 아니라 해외 저개발 국가까지 넓히고 있다. 2008년부터 시작된 한화그룹의 저개발 빈곤지역 국가 지원 사업은 아프리카 위주로 매년 1개 국가를 임직원과 자원봉사자가 찾아가 진행하고 있다. 지금까지 중국, 탄자니아, 케냐, 우간다 등에서 봉사활동을 펼쳤다.

국내외 자원봉사 등 일 년에 1,466억 투입

삼성전자는 국내 최대 기업의 위상에 걸맞은 사회적 책임을 다하기 위해 지속가능경영에 적극 나서고 있다. 특히 지난해 거둔 사상 최대 매출과 영업이익을 바탕으로 사회공헌활동과 친환경 경영, 협력업체와의 상생협력 등을 지속적으로 실천하고 있다.

삼성의 사회공헌은 국내외 자원봉사는 물론 사회복지, 학술교육 등에 이르기까지 다양하다. 삼성에 따르면 2009년 기준으로 총 1,466억 원이 사회공헌활동에 투입됐으며, 약 90%의 국내 임직원들이 참여했다. 이 가운데 국내 봉사는 청소년 미래지원과 저소득층 자녀보조, 지역사회 육성 등에 초점을 맞췄다.

예컨대 삼성은 '공부방 아동 희망 프로젝트'의 하나로 경기 안산시와 함께 '안산 위스타트 글로벌 아동센터'를 개설해 저소득층 자녀를 돕는 한편 장애학생에게 장학금을 지원하기 위해 '디딤돌 장학금'을 운영하고 있다. 또 정보통신(IT) 업체의 특성을 살려 청각장애인의 신경에 전기자극을 전달하는 '인공 와우' 이식수술 사업도 진행하고 있다. 1997년부터 시작한 시각장애인 컴퓨터 교육사업을 온라인으로 확대해 2002년 '애니컴 사이트'를 개설했다.

해외 사회공헌도 활발하다. 삼성은 세계 9개 지역총괄을 중심으로 미국에서 2002년부터 골프와 야구, 농구, 미식축구 등 인기 스포츠 선수들이 후원하는 자선단체를 지원하고 있다. 중국에선 2005년부터 빈곤지역에 소학교를 세우는 정부의 희망공정 사업에 참여해 지난해 말까지 총 100개 학교 신축에 기여했다.

베트남에선 2003년부터 계열사인 삼성의료원과 연계해 선천성 심장병을 잃고 있는 저소득층 어린이들에게 의료지원 혜택을 제공하고 있다. 아프리카 케냐와 이집트, 남아공, 나이지리아 청소년들에게도 IT 등 각종 취업교육과 창업자금 지원, 컨설팅 등을 해주고 있다.

삼성은 친환경 경영에서도 2009년 녹색경영비전을 선언하고 온실가스 저감과 친환경제품 출시에 박차를 가하고 있다. 2013년까지 온실가스 배출량을 2008년 대비 50%까지 감축하겠다는 구체적인 목표를 세웠다. 전력소모율이 낮으면서 친환경 소재를 사용한 신제품도 지속적으로 내놓을 계획이다.

구체적으로 사업장에선 온실가스 감축설비를 도입하고 공정을 개선하는 동시에 폐열 회수에도 신경을 쓰고 있다. 액정표시장치(LCD) 사업부는 제조공정에서 생기는 육불화황(SF6)을 낮추는 사업을 추진하고 있다. 제품 부문에선 소비 및 대기전력을 줄인 발광다이오드(LED) TV를 출시하고, 전력과 물 사용량을 낮춘 세탁기와 태양광 충전이 가능한 휴대전화도 내놨다.

삼성은 이병철 창업주 때부터 중시한 대-중소기업 상생협력에도 힘을 쏟고 있다. 2008년 5월 상생협력실을 만든 데에 이어 지난해 말에는 최고경영자 직속 '상생협력센터'로 확대 개편했다. 특히 협력사들이 실질적인 도움을 받을 수 있도록 사내 전문가와 외부 컨설턴트를 지원하고, 해외사업장을 연계한 맞춤형 교육도 진행하고 있다.

'작지만 강하게' 협력업체 육성에 주력

롯데그룹의 지속가능경영 전략은 협력업체와의 동반성장에 초점을 맞추고 있다. 롯데그룹 관계자는 "결국은 협력업체의 경쟁력 강화가 지속가능경영의 원동력이라는 판단에 따라 작지만 강한 협력업체 육성에 주력하고 있다."고 설명했다.

지난해 10월 신동빈 회장이 참석한 가운데 '협력사와의 동반성장을 위한 사장단 회의'를 열고 '동반성장 추진 사무국'을 설립한 것도 이런 맥락이다. 동반성장 추진 사무국은 그룹 차원의 동반성장 전략과 방향을 설정하고 계열사의 관련 업무 프로세스와 거래 약관 등을 점검해 나가고 있다.

롯데그룹은 또 지난해 12월 경기 오산시 롯데 인재개발원에서 '롯데 동반성장 아카데미' 개원식을 가졌다. 이 행사에는 신동빈 회장 및 주요 계열사 대표와 79개 협력업체 대표들이 참석했다. 롯데 동반성장 아카데미는 롯데그룹 전 계열사의 모든 협력회사를 대상으로 교육 지원, 기술 전수, 경영 자문 등의 활동을 진행하고 있다.

협력회사의 업종과 수준을 고려해 마케팅, 재무, 회계 등의 분야에서 '맞춤형 직무과정'을 개설하는 한편 협력사 리더 양성을 위해 최고경영자(CEO) 및 임원 대상 특강과 중간관리자 대상 역량강화 교육을 실시하고 있다. 온라인 학습도 병행하고 있다.

롯데백화점은 15일 서울 중구 소공동 롯데호텔에서 'Go Together, Harmony 2011'이라는 주제로 협력회사 초청 컨벤션을 개최했다. 올해로 5회째인 이 행사는 협력회사에 대한 감사의 의미로 시작됐다. 협력회사 대표 360여 명이 참석한 이 행사에서 롯데백화점은 지난해 뛰어난 성과를 거둔 26개 협력사에 감사패를 전달하고 모범적으로 근무한 동료사원들에게 격려금을 전달했다.

롯데백화점은 이 자리에서 입점업체들의 판매 수수료를 최대 5%포인트까지 내리는 '슬라이딩 마진 인하제'를 도입하겠다고 발표했다. 협력사의 매장 인테리어 비용을 지원하는 한편 협력회사의 자금 운용을 원활히 하기 위해 과거에는 '다음달 20일'에 지급하던 직매입 대금 지급기일을 '다음달 10일'로 열흘 앞당겼다. 롯데백화점 동반성장 기금도 기존 150억 원에서 1,000억 원으로 크게 확대됐다. 무이자 대출기간도 3개월에서 6개월로 연장할 계획.

다른 계열사들도 저마다 업종 특성을 살린 동반성장 전략을 실천하고 있다.

롯데슈퍼는 '소상공인 동반성장 리테일러' 교육과정을 통해 영세상인들의 점포운영 교육을 무료로 시행하고 있다. 호남석유화학은 신용보증기금과 함께 협력업체 대출보증 프로그램을 지속적으로 운영하고 있다. 롯데시네마는 올해 초부터 배급사에 지급하는 부금 정산기간을 업계 관행이던 '영화 종료 후 45일 이내'에서 월 단위 정산으로 바꿔 영세 배급사의 자금흐름에 도움을 주기로 했다. 캐논코리아비즈니스솔루션도 지난해 말 전국 협력회사 사장단 부부 300여 명을 초청해 '파트너스데이'를 개최하고 비전을 공유하는 자리를 가졌다.

유엔조직에 동참, 글로벌 봉사활동 적극 나서

현대건설은 지난해 5월 기업의 사회적 책임에 대한 국제협약인 '유엔글로벌콤팩트(UNGC)'에 가입해 UNGC 건설&엔지니어링 분야에 국내 최초로 가입한 민간 기업으로 기록됐다. UNGC는 2000년 코피 아난 전 유엔 사무총장이 기업의 사회적 책임에 대한 지지와 이행을 촉구하기 위해 만든 국제협약이다.

UNGC 가입으로 현대건설은 인권, 노동규칙, 환경, 반부패 등 UNGC 10대 원칙을 준수하고 사회적 책임을 다하기 위한 국제 기업 활동에 적극 참여하고 있으며 이와 관련한 활동보고서를 매년 UNGC에 보고하고 있다.

현대건설은 미래 기업의 경쟁력은 기술, 자본 같은 생산적인 부분도 중요하지만 환경, 사회적 이슈와 윤리적인 면에서도 크게 달라질 수 있음을 인식하고 있다. UNGC 가입에 이어 지난해에는 다우존스 지속가능경영지수(DJSI)에 편입돼 앞으로 보다 다양한 사회적 책임활동을 앞장서 실천할 계획을 세우고 있다.

현대건설이 새로운 기업경쟁력의 핵심으로 꼽는 또 하나의 요소는 바로 녹색성장이다. 이 회사는 11일 국내 최초로 지식경제부가 주관하는 새로운 통합 경영인증인 '녹색경영시스템 시범인증'을 획득했다. 그동안 전사적으로 녹색경영에 대한 임직원의 실천역량을 강화하고 부서 간 긴밀한 협조로 녹색경영 실천 극대화를 위해 전력을 다해 온 현대건설은 녹색경영을 좀 더 확대하기 위해 본사

내에 '녹색경영위원회'를 신설했으며 온실가스 인벤토리 시스템(전 현장 온실가스 배출량 월별 산출), 녹색구매표준시스템(HEGS · 현장별 친환경 인증제품 구매율 자동관리) 구축 등 녹색경영을 위한 기반을 다져왔다.

올해 창립 64주년을 맞은 현대건설은 항상 어려운 이웃과 함께 해온 '국민기업'으로도 자부하고 있다. 지속적인 상생, 나눔 경영을 통해 기업의 사회적 책임을 다하고 있으며 그동안 산발적으로 해오던 사회공헌 활동을 체계화하기 위해 본사 내에 전담팀(CSR팀)을 상설 조직으로 신설했다. 2009년 11월에는 현대건설그룹 전 임직원과 가족 등 10만 명이 참여하는 '현대건설가족 사회봉사단'을 발족해 사회공헌 활동을 전사적으로 펼쳐나가고 있다.

현대건설이 최근 펼치고 있는 사회봉사활동 중 가장 눈에 띄는 것은 '함께해요! 나눔 예술 해피 투모로(Happy Tomorrow)'다. 지난해 6월 9일 김중겸 현대건설 사장은 문화공연을 통해 소외된 이웃에게 희망을 전하는 이 행사를 후원하기로 결정하고 예술 공연을 접하기 힘든 저소득층 및 소외계층에게 공연 관람의 기회를 제공하려고 노력하고 있다.

현대건설과 세종문화회관은 서울시국악관현악단 서울시무용단 서울시합창단 등 세종문화회관 산하 9개 예술단, 전통타악연구소 모티브싱어즈 등 20여 외부예술단 등이 보육원, 복지시설, 병원 등을 찾아 문화 예술 공연을 통해 희망을 선사하는 활동을 함께하고 있다.

posco

앞선 기술력으로 세계 최고의 제품 만든다

"우리가 40여 년간 무(無)에서 유(有)를 창조하고, 2008년 경제위기를 극복하며 회사를 경쟁력 있게 만든 것은 절박한 상황에도 굴하지 않고 여러 기술개발과 원가절감 노력을 해왔기 때문입니다."

정준양 포스코 회장은 지난해 9월 운영회의에서 임직원에게 "도전적으로 기술개발과 원가절감을 추진해 달라."고 당부하면서 이렇게 말했다. 2009년 '다우존스 지속가능경영 한국지수'에서 산업별 최우수 기업으로 선정되기도 했던 포스코 경쟁력의 근원은 결국 기술개발과 원가절감이라는 단순한 원칙을 충실하게 지켜왔기 때문이라는 얘기다.

지난해 4월 세계적 철강전문 분석기관인 월드스틸다이내믹스(WSD)는 세계 철강회사 32곳을 대상으로 규모, 기술력, 수익성, 원가절감, 원료확보 등 총 23개 항목을 평가한 결과 포스코를 1위로 꼽았다. 질적인 면에서 '넘버1'으로 인정받은 것이다.

기술력의 두 축은 조업기술력과 제품기술력이다. 포스코의 제선 조업 기술력을 보여주는 한 사례가 최근 포항제철소 4고로가 세운 단일 고로 기준 최대생산량 기록이다. 포항제철소 4고로(5,600m³)는 규모는 중국 사강그룹 1고로(5,800m³)나 일본 신일본제철의 1, 2고로(각각 5,775m³)에 못 미치지만 제선조업 기술력을 대표하는 출선량에서는 하루 출선량 1만 6,126t으로 다른 곳을 앞질렀다.

포스코는 제품기술력에서도 지난해 TWIP강(초고강도강) 등 영업이익률이 20%에 이르는 고부가가치 전략 제품 판매량을 468만t까지 늘리는 등 세계 최고 수준의 제품 개발에 박차를 가하고 있다. 지난해 내내 이어진 원료가격 상승에도 불구하고 2009년보다 영업이익이 60% 이상 증가한 것은 이 같은 제품개발과 고부가가치 제품 확대 덕분이리는 설명이다.

자동차강판은 특히 t당 가격이 일반 범용재보다 20~30% 더 비싸고 판매 계약도 장기적으로 이뤄져 철강사라면 모두 선점하고 싶어 하는 분야다. 포스코는 이런 자동차강판 시장에서 형상이 복잡한 자동차 부품을 쉽게 가공할 수 있고 얇으면서도 강도가 충분해 '꿈의 소재'라 불리는 TWIP강의 원천기술 특허를 보유해 경쟁사의 부러움을 사고 있다.

포스코는 또 지난해 8월에는 두께를 0.7mm에서 0.55mm로 줄이고 무게도 기존 제품 대비 20%가량 가벼운 고강도 자동차강판을 세계 최초로 개발했다. 이 외에도 포스코는 석유수송용 강관 소재인 고급 API 강재 부문 등도 또 다른 고부가가치 제품으로 주목하고 있다고 밝혔다. 포스코 관계자는 "지난해 API재의 생산원가를 절감하는 양산기술을 개발했다."고 말했다.

정 회장은 변화하는 미래 환경에 대비하기 위해 포스코가 갖춰야 할 경영이념으로서 '열린경영', '창조경영', '환경경영'을 제시하고 있다. 회사 측은 "앞선 기술력을 바탕으로 취직하고 싶은 기업, 같이 일하고 싶은 기업, 투자하고 싶은 기업, 환경을 보호하는 기업이 되고자 노력할 것"이라고 강조했다.

부록 2. 지속가능경영 우수기업

지속가능경영 우수기업 더 멀리 보고 투자하니 주가 '훨훨'
지배구조 · 환경 등 DJSI 평가 앞선 기업 주목할 만[35]

　'착한 일을 많이 하는 기업들이 길게 보면 주가도 많이 오른다.'
지금 당장 이익을 많이 내는 기업보다 사회 · 환경적 책임을 다하면
서 지배구조가 우량한 기업을 선별해 투자하는 사회책임투자(SRI · Socially
Responsible Investment)가 전 세계적으로 인기를 끌고 있다. 사회책임투자
는 투자 대상 기업 선정 기준에 따라 EI(Ethical Investment)와 SI(Sustainability
Investement)로 구분된다. EI는 자신의 윤리적 신념이나 믿음에 의거
해 '사회적 · 환경적 가치'를 기반으로 투자 대상을 선정한다. 반면

---

35) 출처: 매일경제신문, 2010년 11월 10일자 기사내용.

SRI는 투자자 관점에서 '지속가능성 성과'가 좋은 기업이 결국 장기적으로 더 나은 수익을 돌려준다는 가정 아래 우수 기업을 선정했다. 세계적인 SRI지수 중 FTSE4Good은 전자에, 다우존스 지속가능경영지수(DJSI)는 후자에 각각 속한다.

◆ DJSI는 객관적 평가에 기반

DJSI는 지배구조, 리스크 매니지먼트, 윤리경영, 환경보고, 인적자원개발, 인재유치 및 양성, 노동관행, 기업시민 및 자선활동, 사회보고 등 기업의 지속가능경영 성과를 다양한 관점에서 객관적으로 평가한다. 산업별로 성과를 점수화하고 상대적 비교를 통해 산업 내 최우수 기업(Best in class)을 선정해 투자 대상으로 삼는다.

전 세계 기업을 대상으로 선정하는 DJSI 월드, 대륙별로 평가하는 DJSI 아시아퍼시픽·유럽, 국가별로 평가하는 DJSI 코리아 등 다양한 지수군(群)이 있다. 이 중 DJSI 코리아는 국내 200대 기업을 대상으로 평가한 유일한 국가단위 지수로 경제 환경 사회 부문의 기업 성과를 글로벌 지수와 동일한 잣대로 평가한다. 평가는 산업별로 이뤄지며 산업별로 리더(Sector Leader) 기업과 일반 기업을 구분해 선정한다.

◆ 지속가능 기업이 투자수익도 높아

지속가능경영 점수가 높은 기업은 실제 주가상승률 면에서 양호

한 성과를 내고 있다. DJSI 월드지수 소속 상위 20%그룹의 주가는 2001~2008년간 누적수익률 면에서 시장(벤치마크)을 평균 4.9% 앞질렀다. 반면 하위 20% 그룹 주가는 시장 평균보다 11.1% 낮게 나타났다. 7년간 두 그룹 간 수익률 격차가 16%포인트에 달한 셈이다.

지난해 최초로 선보인 국가단위 지수 DJSI코리아 역시 비교적 양호한 성과를 내고 있다.

DJSI지수 신규 편입 자체가 주가에 호재로 작용하기도 한다. 지난 9월 9일 올해 DJSI코리아 편입 기업을 발표한 이래 11월 5일까지 49개 종목의 평균 주가상승률은 11.43%로 같은 기간 코스피상승률 8.63%를 앞질렀다. 국내 현대인베스트먼트자산운용과 유리자산운용이 지난해 DJSI코리아 지수를 추종하는 인덱스펀드를 발매하기도 했다.

DJSI 코리아 편입 기업

산업분류	DJSI Korea 편일기업	DJSI	
		아·태	월드
가스·전기	★ 한국가스공사		
	한국전력공사		
가전 및 여가용품	★ LG전자	●	
개인용품	★아모레퍼시픽*	●	●
건설	★현대건설	●	●
	대림산업	●	
	GS건설*	●	●
건축자재	★아세아시멘트*		
금융 서비스	★삼성증권	●	●
	대신증권		
	대우증권*	●	

산업분류	DJSI Korea 편입기업	DJSI	
		아·태	월드
금융 서비스	미래에셋증권		
	SK*	●	
내구재·가구·담배	★KT&G	●	●
반도체	★삼성전자	●	●
보험	★동부화재		
	삼성화재		
	현대해상		
산업 엔지니어링	★STX 엔진		
	대우조선해양		
	두산인프라코어*		
	STX조선해양		
석유정제·대체에너지	★ S-Oil	●	●
	SK 에너지		
화학섬유·액세서리	★ 웅진케미칼		
식료품	★ 농심		
유선 통신·무선 통신	★ KT	●	●
	SK 텔레콤	●	●
은행	★ 신한금융지주	●	
	대구은행	●	
	KB 국민지주	●	
일반소매	★롯데쇼핑	●	●
자동차	★ 기아자동차	●	
자동차 부품 및 및 장비	★삼성전기	●	●
	대한전선		
전자부품	★ 삼성 SDI	●	●
지원 서비스	★ 한전 KPS		
	STX		
철강	★포스코	●	●
	현대제철	●	
컴퓨터 서비스·인터넷·소프트웨어	★SKC&C*		
항공운송	★ 아시아나항공		

산업분류	DJSI Korea 편일기업	DJSI	
		아·태	월드
화학	★ 호남석유화학		
	금호석유화학*		
	L G 화학	●	
	O C I	●	
	S K 케미칼*		
계(25)	49	28	14
개인용품	L G 생활선상**	●	
내구재·가구·담배	웅진코웨이**	●	
반도체	하이닉스 반도체**	●	●

※ ★ 는 해당 산업 '최우수 기업'
　* 는 올해 신규 편입 기업.
　** 는 DJSI 코리아에는 미포함

◆ 한국 편입 기업 대거 증가

DJSI 코리아지수 편입은 국내 기업이 글로벌 기준에서 일종의 지속가능 투자적격 등급을 받았다는 뜻이다.

2010년 DJSI평가에선 월드지수에 SK텔레콤 등 국내 13개 기업이 포함됐다. 또 아·태 지수에는 28개 기업이, 코리아지수에는 25개 부문에서 49개 기업이 각각 편입됐다.

지난해 월드지수에 6개, 아·태지수에 13개 기업이 각각 편입됐던 것을 감안하면 세계 수준 경쟁력을 갖춘 곳이 두 배 이상 급증한 셈이다. 코리아지수 편입 기업도 지난해보다 8곳(19%) 늘어 해마다 증가세를 보일 전망이다.

■ 〈용어설명〉

DJSI(Dow Jones Sustainability Indexes · 다우존스 지속가능경영지수):
미국 지수업체 다우존스와 스위스 투자기관 샘(SAM)이 1999년 공동 개발한 '착한기업' 지수. 기업의 경제·사회·환경가치를 종합적으로 평가해 매년 지수에 편입할 우량 기업을 선정해 발표한다.

부록 3. 부도덕한 CEO의 말로

'부도덕'한 CEO의 말로 죽을 때까지 수의 벗기 힘들듯…[36]

지난 2001년 회계부정 스캔들로 붕괴한 미국 에너지 대기업 엔론의 전 최고경영자(CEO) 제프리 스킬링(52)이 23일 사기와 공모 등으로 24년 4개월형을 선고받음으로써 '부도덕한' CEO의 말로가 어떤지를 극명하게 보여줬다.

미 CNN머니 인터넷판은 23일 스킬링에 대한 중형 선고와 관련해 미국에서 2001년 이후 회계 사기 등 '화이트칼라' 범죄 행위로 실형을 선고받고 복역 중이거나 복역 후 출소한 CEO, 중형 선고가 예상되는 CEO 6명을 소개했다.

▲ 버나드 에버스(64)

장거리 전화회사 월드컴의 전 CEO. 110억 달러 규모의 회계 사기 사건에 개입한 죄로 작년 7월 25년형을 받고 연방 형무소에서 복역 중이다. 월드컴을 미 사상 최대 규모의 파산 사태로 몰아넣은 장본인으로 지목돼 미시시피의 저택 등 4,500만 달러 상당의 재산

---

36) 출처: 조선일보 2006년 10월 25일 기사내용.

몰수 명령을 아울러 받았다.

그의 형량은 경제전문지 포천 선정 500대 기업에서 '기업 범죄'를 저질러 실형을 선고받은 CEO들 중 최장기형으로 기록됐다. 현재 MCI로 사명을 바꾼 월드컴은 2002년 파산보호를 신청했다.

그는 나이로 미뤄 죽을 때까지 수의를 벗기 힘들 것으로 보인다. 작년 3월 최고 85년 형에 처해질 수 있는 9개 항목의 범죄 행위로 유죄평결을 받은 그는 올해 7월 항소심에서 패소했고 9월부터 복역을 시작했다.

▲ 마사 스튜어트(65)

마사 스튜워트 리빙 옴니미디어의 창업주로 '살림의 여왕'으로 불린다. 2001년 말 항암제 '어비툭스'로 유명한 생명공학업체 임클론 주식 매각과 관련된 내부자 거래 조사 과정에서 거짓말을 한 사실이 들통 나 철창신세를 졌다.

공모, 사법방해, 임클론 주식 4천여 주를 판 것에 대한 거짓말 등의 혐의로 2004년 유죄평결을 받았다. 5개월간 복역한 후 6개월간 가택연금됐다가 풀려났다. 이 스캔들로 '마사 스튜어트 리빙'의 CEO 직과 뉴욕증권거래소(NYSE) 이사직을 어쩔 수 없이 그만뒀다.

2006년 8월 19만 5천 달러의 벌금 납부, 5년간 주식회사 경영 참여 금지 등에 동의했다. 포천은 그녀를 2006년 '가장 영향력 있는 여성 50걸'로 선정했다.

▲ 샘 왁살

생명공학업체 임클론의 창업자 겸 전 CEO로 친구 사이인 마사 스튜워트도 연루된 주식 내부자 거래 스캔들과 관련, 7년 3개월형을 선고받고 복역 중이다.

그는 항암제 어비툭스 승인이 여의치 않다는 사실이 일반에 알려지기 전인 2001년 친지들에게 이 사실을 말해줬다며 유죄를 인정했다. 스튜워트는 왁살과도 거래가 있는 주식 브로커 피터 바카노비치로부터 이러한 정보를 입수한 후 임클론 주식 4천여 주를 팔아치웠다.

왁살은 2003년부터 복역 중이며 벌금 430만 달러를 지불하기로 합의했다. 어비툭스는 이 사건 이후 미 식품의약청(FDA)의 승인을 획득했다.

▲ 데니스 코즐로우스키(59)

미국의 복합기업 타이코 인터내셔널의 전 CEO. 회사에서 수억 달러를 착복한 혐의로 작년 9월 징역 8년 4개월~25년형을 선고받았다. 또 회사에서 '훔친 돈' 1억 3,400만 달러를 반납하고 벌금 7천만 달러를 아울러 지불하라는 명령도 받았다.

그는 1차 재판에서 배심원 중 한 명이 협박 편지를 받은 사건의 여파 속에 유죄평결을 피할 수 있었으나 2차 재판에서 중절도죄와 공모, 사업경력 위조 등 23개 항목의 혐의 중 22개에 대해 유죄가 인정돼 중형을 선고받았다.

그는 숱한 비행으로 화제를 모았는데 특히 사르디니아섬에서 자기 아내 카렌에게 로마 시대에 주신(酒神) 바카스의 축제를 방불케 하는 초호화판 생일 파티를 열어준 것으로 유명하다. 그러나 지난 7월 아내 카렌으로부터 이혼소송을 당했다.

▲ 존 리가스(81)

통신업체 아델피아 커뮤니케이션스의 창업주 겸 전 CEO로, 5위권 통신업체였던 아델피아의 몰락을 초래한 수십억 달러 규모의 사기 사건에 연루돼 지난해 15년 징역형을 선고받았다. 회사 경영권을 반세기 동안 장악해온 그는 최고재무책임자(CFO)를 지낸 아들 티모시(50)와 함께 복역 중이다. 티모시는 '기업 약탈'죄로 20년 형을 선고받았다. 검찰은 이들 부자에게 각기 215년형을 구형했었다.

2002년 아델피아 도산으로 투자자들은 수십억 달러의 손실을 입었는데 그해 8월 타임 워너와 컴캐스트가 169억 달러에 아델피아를 인수했다.

▲ 제이콥 '코비' 알렉산더(54)

소프트 애플리케이션 업체 콤버스 테크놀로지스의 전 CEO로, 뇌물공여 및 사기죄 등의 혐의로 지명수배 됐다가 얼마 전 아프리카의 나미비아에서 체포됐다. 그는 애초 스톡옵션(자사주 매입선택권) 조작에 따른 사기와 공모, 돈세탁 혐의 등으로 기소됐었으나 미국 검찰은 뇌물공여, 사법방해 혐의 등을 기소 항목에 추가했다. 그는 사기 혐의를 벗기 위해 누군가에게 500만 달러의 뇌물을 제공했다는 혐의를 받고 있다.

그는 이슬라엘 시민권과 미국 영주권을 함께 갖고 있으며 나미비아 법원에서 보석이 허용돼 풀려나 있는 상태다. 미 검찰은 그의 신병 인도를 모색 중이다.

찾아보기

● 국문색인

(ㄱ)

가격 40, 54, 159, 171, 174~176,
    179, 182, 183, 188, 192, 193,
    200, 255
가격결정 180, 182, 183, 193
갈등 31, 75, 233
강한기업 19, 27, 224
경로결정 180
경영활동 15, 67, 78, 86, 95, 165,
    178, 179, 188, 192
공리론 36, 46
과거조직 125
광고결정 180
광고주의 185, 193
국제경영윤리 34, 36, 45
국제기업 36, 221, 223
굿 페이스터 73, 79
규모의 경제 18, 27
그레이 51
그린라운드 19, 105, 106, 117, 118
근대자본주의 50
금융윤리 202
기술개발 106, 165, 172, 254
기업가치의 극대화 16, 144, 176, 179,
    191, 192
기업공개 146, 154, 156
기업내용공시 147, 154, 155, 156
기업대리인의 원칙 68

기업부패 19
기업소유구조 149, 155
기업윤리 15, 23, 36, 49, 50, 63, 82,
    84, 85, 99, 103, 145, 222, 223,
    226, 227, 235
기업윤리강령 83, 85~88, 90, 99, 100
기업윤리헌장 83, 88
기업이익의 극대화 16
기업합법성의 원칙 68, 78

(ㄴ)

내부자 거래 20, 21, 33, 148, 150,
    154, 155, 264
뇌물 22, 33, 37, 38, 45, 49, 85, 97,
    98, 163, 182, 223, 225, 236,
    267
뇌물방지법 19, 87
뇌물의 유혹 49
능률성 28

(ㄷ)

대응단계 22
대중자본주의 50, 63
독점자본주의 50

(ㄹ)

런던스모그 107

레몬시장 143, 145
레비트 59
리포지셔닝 177

(ㅁ)

마케팅 21, 26, 33, 175, 178, 179,
    183, 191, 193, 243, 250
만족화 원리 72
무도덕단계 22

(ㅂ)

방심의 유혹 49
보팔사건 108
부패 18, 19, 103, 131, 152, 162, 225
부패공식 20
부패라운드 19
불확실성 상태 75
비교우위 18
비윤리행위 19

(ㅅ)

사외감사 150
사외이사 150
사적이익 20, 51
4P 175, 179, 191~193
사회적 책임 18, 23, 24, 27, 32, 43,
    51, 52, 54, 56~60, 63, 64, 76,
    78, 90, 95, 112, 125, 131, 145,
    155, 178, 187, 188, 190, 211,
    227, 232, 239, 240, 242, 243,
    248, 252
사훈 84, 99
상대주의론 36, 37, 46, 221
상업자본주의 50, 63
상황윤리 34, 35, 45
생산관리 158~165, 168, 171
선물 45, 90, 104, 163, 225
선물(present)과 38
시민기업 19
시세조정 200

시장세분화 175, 176, 191, 193
심정윤리 35, 45
심정윤리, 34

(ㅇ)

악습의 유혹 49
우루과이 라운드 19
원가관리 165
위험 121
위험 상태 75
유통 106, 118, 167, 172, 174, 175,
    179, 183, 192, 193, 242
유효성 28
윤리경영 15, 17~19, 21, 24, 27~29,
    31, 32, 38, 45, 47, 49, 53, 60,
    63, 65~67, 71, 80, 82, 86, 91,
    100, 101, 119, 141, 157, 173,
    189, 194, 215, 226, 228, 236,
    238, 258
윤리관태동단계 22
윤리라운드) 등과 같이 19
윤리선진단계 22, 23
윤리적 생산관리 158, 163~165, 171,
    172
윤리적 인적자원관리 122~124, 127,
    140
윤리적 재무관리 142, 145, 154
은폐의 유혹 49
의무론 37, 46, 85, 126, 139, 140,
    221
이기주의론 36, 37, 46
인간성 기업 19
인적자원관리 123~128, 140
일임매매 200, 213

(ㅈ)

장하성 펀드 146
재무관리 142~146, 154, 157
정경유착 22, 39, 59, 71, 201
정보윤리 217~219, 235, 237

정의론 36, 37, 46
제조물책임 181
제품 54, 92, 106, 118, 159, 167, 168,
    171, 172, 174~176, 179~181,
    191, 192, 226, 245, 249, 254,
    255
제품개발 161, 255
제품결정 179
제품모조 181, 192
준법단계 22
지배구조펀드 146
지식경영 123, 124
직권남용 20
진도관리 164
집단의 유혹 49

(ㅊ)

착한기업 19, 27, 43, 262
초기자본주의 50
촉진 175, 192, 193
최적화 원리 72

(ㅌ)

투명경영 17, 189

(ㅍ)

파멸 19
파스칼모형 73
판매결정 180
포장결정 180
포지셔닝 176
품질관리 160, 161, 162, 165, 167,
    168, 172
프리드만 59

(ㅎ)

헤이 51
현대자본주의 50
현물관리 165
확실성 상태 75
환경라운드 105
환경윤리 34, 35, 45, 105
회계윤리 204, 205, 213

● 영문색인

(A)

access 219
administrative decision 72
alternative solution 73
Amoral Stage 22
analysis of the problem 73

(B)

balance management 57
bribe 38, 163, 182
business motto 84

(C)

certainty state 75
Choice 74, 78, 79
Clean Company 18
code of business ethics 83, 99, 100
corporate's value maximization 144
corruption 19, 20
creation 161
creativity 161

(D)

delivery time 159, 171
desired position 175, 192, 193
Developed Ethical Stage 22
development 161
dividend decision 144

(E)

ecological symbiosis 35
economic institution 50
effectiveness 28
efficiency 28
Emerging Ethical Stage 22
ethical institution 50

Ethical Management 17, 27, 28

(F)

financial management 143
financing decision 144
Friedman 32, 59

(G)

good 17, 18, 28, 73, 79
Good Company 18
Good Paster 17, 28, 73, 79
Green Company 18

(H)

Human Resource Management 123

(I)

information asymmetry 148
insider trade 148
investment decision 144

(L)

Legalistic Stage 22
Levitt 59

(M)

management ideology 84
market 143, 145, 161, 175, 191, 193
market segmentation 175, 191, 193
marketing ethics 179, 192
marketing mix 175, 192, 193
multi-cultural ethics 36

(O)

occupation 161

operating decision   72
operations management   159, 171
originality   161

(P)

PASCAL   73, 78, 79
PL   167, 172, 181
place   175, 192, 193
positioning   176
present   38, 163
price   159, 171, 175, 192, 193
problem formulation   73
product   167, 172, 175, 181, 192, 193
product counterfeit   181
production management   159, 171
production-operations management   159, 171
profit maximization   16, 144
promotion   175, 192, 193
property   219

(Q)

QC   165
quality   129, 140, 141, 159, 161, 162, 167, 171, 172

(R)

Recycle   106, 109, 117, 118
Reduce   106, 109, 117, 118
repositioning   177
Responsive Stage   22
Reuse   106, 109, 117, 118
Right Company   18

Robert Klitgaard   20

(S)

situation analysis   73
situational ethics   35
social institution   50
social obligation   51
social responsibility   32, 51, 57
social responsiveness   51
SRI   146, 257
stakeholders   78
stockholder's value maximization   144
strategic decision   72
survival & growth   56
Synthesis   74, 78, 79

(T)

target market   175, 191
TQC   162
transparent management   17

(U)

uncertain condition   75

(V)

value maximization   16, 144

(W)

wealth maximization   17
Whistle—blowing   130, 141

(Z)

ZD   162

임태순 ─────────

美 Long Island University MBA
美 University of Wisconsin-Madison ABD
인하대학교 경영학 박사
인천상공회의소 자문교수
경영지도사 시험출제위원
서울사이버대학교 학생지원처장 역임
서울사이버대학교 경영학과장 역임
서울사이버대학교 금융보험학과장 역임
현) 서울사이버대학교 금융보험학과 교수
　　Jones International University 겸임교수

『주식시장과 투자』(2011)
『경영분석』(2011)
『재무관리』(2011)
『글로벌경영』(2011)
『금융시장』(2010)
『행복한 생활경영』(2010)
『핵심재테크』(2010)
『경영학원론』(2010)
『리스크와 재무설계』(공저, 2008)
『인하연에 핀 연꽃』(공저, 2008)
『재무관리의 이해(개정판)』(공저, 2007)
『현대경영학의 개관』(공저, 2006)
『재무관리의 이해』(공저, 2004)
『현대경영학의 이해』(공저, 2001)

기업윤리
Business Ethics

초 판 인 쇄 | 2011년 5월 9일
초 판 발 행 | 2011년 5월 9일

지 은 이 | 임태순
펴 낸 이 | 채종준
펴 낸 곳 | 한국학술정보㈜
주　　　소 | 경기도 파주시 교하읍 문발리 파주출판문화정보산업단지 513-5
전　　　화 | 031) 908-3181(대표)
팩　　　스 | 031) 908-3189
홈 페 이 지 | http://ebook.kstudy.com
E - m a i l | 출판사업부　publish@kstudy.com
등　　　록 | 제일산-115호(2000. 6. 19)

ISBN　　978-89-268-2140-4 13320 (Paper Book)
　　　　　978-89-268-2141-1 18320 (e-Book)

내일을여는지식 ▰ 은 시대와 시대의 지식을 이어 갑니다.